本书得到2020年湖北省教育厅人文社科一般项目"新结构经济学视角下我国财政政策的产业结构转型升级效应研究"（20Q063）的支持。

我国财政政策的产业结构转型效应研究

蒋炳蔚◎著

河北科学技术出版社

·石家庄·

图书在版编目（ＣＩＰ）数据

我国财政政策的产业结构转型效应研究 / 蒋炳蔚著
. -- 石家庄：河北科学技术出版社，2023.8
ISBN 978-7-5717-1731-5

Ⅰ.①我… Ⅱ.①蒋… Ⅲ.①财政政策 – 影响 – 产业
结构升级 – 研究 – 中国 Ⅳ.① F269.24

中国国家版本馆 CIP 数据核字 (2023) 第 163464 号

我国财政政策的产业结构转型效应研究
WOGUO CAIZHENG ZHENGCE DE CHANYE JIEGOU ZHUANXING XIAOYING YANJIU

蒋炳蔚　著

责任编辑	胡占杰
责任校对	张　健
美术编辑	张　帆
封面设计	优盛文化
出版发行	河北科学技术出版社
地　　址	石家庄市友谊北大街 330 号 （邮编：050061）
印　　刷	河北万卷印刷有限公司
开　　本	710mm×1000mm　1/16
印　　张	13
字　　数	200 千字
版　　次	2023 年 8 月第 1 版
印　　次	2024 年 1 月第 1 版
书　　号	ISBN 978-7-5717-1731-5
定　　价	78.00 元

前　言

　　我国产业结构变动总体上符合产业结构演变的一般规律。"十四五"时期，我国经济发展进入新时代，转向高质量发展已成为新时代我国经济最鲜明的特征之一。这一时期强调"推动高质量发展，要把重心放在产业结构转型升级上"，产业结构需进一步转型升级。产业结构的调整与升级是我国经济战略调整的核心，产业结构向合理化与高度化的不断推进，必然会推动经济的持续健康发展。具体到我国，高质量发展阶段仍旧面临着环境污染严重和产能过剩等诸多制约经济社会持续健康发展的问题，经济发展方式粗放、产业结构不合理正是此类问题产生的缘由。在新一代科技与产业变革、创新驱动发展、"碳达峰、碳中和"目标硬约束等背景下，放缓增速、调整结构、转换动力是寻求稳定发展的必然要求。此时，作为国家治理基础和重要支柱的财政应发挥其在调整产业结构中的积极作用。财政政策可以通过引导资源在不同产业和行业间流动，对产业结构产生影响。

　　我国目前已致力于推动产业结构转型升级，特别是运用财政政策对产业结构转型升级进行宏观调控。财政支出方面，灵活运用财政补贴和政府投资等手段，并逐步完善政府采购制度，不断加强科技、节能环保等重点领域支出，以促进产业结构转型升级。例如，我国政府采购资金2021年已达3.64万亿元，其在扶持本国产业自主创新、提升企业技术能力和落实政府意图等方面发挥着很大的作用。税收方面，我国利用税收优惠等税制改革，不断促进生产要素合理流动，进而推动产业结构转型升级。例如，"营改增"通过影响产业间分工协作，提升产业专业化水平，带动产业结构转型升级；通过中间投入品的税收可抵减来影响要素成本，进而积极推动制造业升级和现代服务业发展。然而，以财政政策促进产业结构转型升级也曾出现过问题，如我国光伏产业在大量鼓励性财政政策支持下，不利于光伏产业长期发展的骗补、拖工期等不良现象不断出现，我国于2018年又重新调整财政对于光伏产业的支持力度。所以，为促进我国产业结构转型升级，我国的财政政策仍需不断优化完善。

鉴于此，本书以高质量发展和供给侧结构性改革深化为背景，以产业结构转型升级为着力点，以新结构经济学为理论依据，分析我国产业结构转型升级中的财政政策，并在此基础上提出完善我国促进产业结构转型升级的财政政策建议，重点关注财政政策对产业结构转型升级的作用机理和我国财政政策影响产业结构转型升级的实际效果。机理的分析要求理顺两者之间的内在逻辑关系，实际效果的检验要求人们寻求科学的产业结构转型升级测度指标，也是本书的难点之一。本书课题利用省级面板数据，通过构建联立方程模型和面板门限模型，分别估计我国财政支出和税收对产业结构转型升级的实际作用效果。实证研究得到如下结果：其一，各地区产业结构转型升级存在着较强的正向空间相关性；财政支出规模显著正向作用于产业结构转型升级。不同的支出项目对产业结构合理化和高度化作用方向及程度存在差异。其二，宏观税负对产业结构合理化作用随经济发展水平不断提升呈先正向后反向作用效果，对产业结构高度化呈先反向后正向作用效果。税收结构在不同的经济发展阶段对产业结构合理化和高度化均具有非线性效应。其三，投资、人力资本和经济发展水平等一系列指标均对产业结构转型升级起着不可忽视的作用，它们均可作为财政政策促进产业结构转型升级的着力点。

蒋炳蔚

2023 年 5 月

目　录

导　论

一、选题背景与意义

（一）选题背景

产业结构转型升级至关重要，其与经济发展的关系密切。经济发展水平可以通过影响需求影响产业结构，产业结构的合理化和高度化水平提升必然也会带来经济的持续健康发展（黄茂兴、李军军，2009；Bun，Makhoufi，2007）。对此，有学者从宏观经济结构与经济增长的角度进行了论证（Canova，Marrinan，1998；Peneder，2003），有学者从更具体的"结构红利假说"和"高级产业链"角度进行了论证（Timmer，Szirmai，2000；Anderson，Tushman，2001；白瑞雪、翟珊珊，2012）。

具体到我国，我国国内生产总值增速自 1991 年至 2014 年始终维持在 7% 以上，2015 年首次降至 6.9%，2015 年之后的年份增速继续放缓。2020 年，受国际国内突发公共卫生事件等影响，增速跌至 2.2%。2021 年开始回弹。整体上增速的放缓一方面说明我国坚持稳中求进的工作总基调，坚持以提高经济发展质量和效益为中心，积极主动地适应高质量发展需求。另一方面也使人们注意到，当前我国经济在发展的过程中仍旧面临着环境污染严重、产能过剩等诸多问题，这些问题在一定程度上制约着经济、社会的健康发展。经济发展方式粗放、产业结构不合理正是这些问题产生的缘由。因此，加快转变经济发展方式，推进经济结构战略性调整是关系我国经济发展全局的重大命题，我国需要以更加主动的姿态放缓增速、调整结构、转换动力。

我国产业结构的转型升级迫在眉睫：十八大报告指出，"推进经济结构战略性调整是加快转变经济发展方式的主攻方向"，而经济结构战略性调整的核心正是产业结构的调整与升级（建克成，2014）；党的十八届五中全会提出，我国产业要向中高端迈进；"十三五"规划纲要提出，"优化现代产业体系，围绕结构深度调整"；新时代要求稳中求进，"进"则要调整结构。新时代最鲜明的特征之一是由高速增长转向高质量发展，推动高质量发展要把重心放在产业结构转型上。二十大报告指出，"我们要坚持以推动高质量发展为主题，把实施扩大内需战略同深化供给侧结构性改革有机结合起来，增强国内大循环内生动力和可靠性，提升国际循环质量和水平，加快建设现代化经济体系，着力提高全要素生产率，着力提升产业链供应链韧性和安全水平，着力推进城乡融合和区域协调发展，推动经济实现质的有效提升和量的合理增长"，这些都对产业结构转型升级提出了要求。

此时，政府作为宏观调控的主体，必须有所为：一方面，政府可以采取直接干预手段来影响产业和产业内行业与企业发展，综合运用多种手段促进生产要素在各部门间合理流动；另一方面，政府也可以通过制定相关政策促进产业结构向高附加值化、高技术化和高资本密集化方向发展。其中，财政政策作为国家宏观调控的有力手段，更应在与其他相关政策协同基础上，发挥其在调整产业结构中的积极作用。国内外均采用财政政策手段对本国的产业结构转型升级进行过或正在进行干预，并取得一定成效。例如，美国通过税收优惠、政府投资等推动本国产业发展。党的十八届三中全会强调"科学的财税体制是优化资源配置、维护市场统一、促进社会公平、实现国家长治久安的制度保障"，强调"财政是国家治理的基础和重要支柱"。政府作为社会经济的参与主体之一，可以运用财政政策，充分发挥作用，确保宏观经济的稳定。

我国目前致力于促进产业结构转型升级，特别是运用财政政策对产业结构转型升级进行宏观调控。财政支出方面，灵活运用财政补贴和政府投资等手段，并逐步完善政府采购制度，不断加强科技、节能环保等重点领域支出，以促进产业结构转型升级。例如，2021年我国政府采购资金为3.64万亿元，其在扶持本国产业自主创新、提升企业技术能力和落实政府意图等方面发挥着很大的作用。采购政策功能发挥得更加充分，通过设定需求标准发挥了对供给侧的牵引作用，推动了产业结构调整升级。税收方面，我国利用税收优惠等税制改革，不断促进生产要素合理流动，进而推动产业结构转型升级。例如，"营改增"通过影响产业间分工协作，提升产业专业化水平，促进产业转型升级，带动产业结构转型升级；通过中间投入品的税收可抵减来影响要素成本，进而对制造业升级和现代服务业发展产生积极作用。然而，利用财政政策推动产业结构转型升级也曾出现过问题，如我国光伏产业在大量鼓励性财政政策支持下，不利于产业长期发展的骗补、拖工期等不良现象不断出现，我国于 2018 年重新调整了财政对于光伏产业的支持政策。所以，为促进我国产业结构转型升级，我国的财政政策仍需不断优化完善。

那么，这些财政政策在实施过程中是否达到了其最初设定的目标？我国财政政策的产业结构转型升级效应究竟如何？目前学者对这类问题鲜有系统考量。国外学者对于财政政策促进产业结构转型升级的研究起步较早，文献也相对较多，且多放在产业政策之中进行考量。Jorgenson 和 Hall（1967）通过分析美国制造业和非制造业设备和建筑投资时间序列数据，验证美国战后三次税收政策调整对投资产生的影响。Chalmer 和 Johnson（1982）认为，日本的产业政策，包括产业税收政策，对重化学工业在经济高速增长期的崛起贡献很大。但随着市场趋于成熟，发达国家的政策趋于中性，人们对于日本产业快速发展是否有赖于产业相关政策的实行产生了不同观点。Beason 和 Weinstein（1996）对日本产业政策对部门全要素生产率增长影响效应进行研究后发现，税收、补贴等优惠政策并不会增加目标部门的规模收益或使全要素生产率增长。Lee（1996）、Lawrence 和 Weinstein（1999）也进行了类似的研究，得出了相同的结论。

专门针对产业结构转型升级与财政政策的研究在国内起步相对较晚。起初相关研究多集中在财政政策对产业结构转型升级的影响的分析上，即财政政策如何影响产业结构转型升级。随着人们逐渐开始重视财政政策对产业结构转型升级的影响，研究逐渐从理论分析向实证分析转变。部分研究集中对税收政策与产业结构某一方面问题进行了研究。李丽青（2007）结合我国现行税收优惠政策的实际情况，重点检验了企业所处区域和行业的税收优惠对企业研究与试验发展（R&D）经费投入的影响。曹海娟（2012）基于模糊综合评价模型研究中国产业税收政策有效性。然而，这种研究完全依托于问卷调查，一定程度上降低了结果的可靠性。之后越来越多的学者对财政政策与产业结构相关关系作出实证分析，但多从财政支出和税收总量角度进行考察，如张斌（2011）运用VAR模型，分析得到财政政策对传统产业、新兴产业和落后产业的动态冲击影响；张同斌和高铁梅（2012）通过构建用于研究高新技术产业的作用的可计算一般均衡模型，考察财政激励政策和税收优惠对高新技术产业的作用，进而研究其对产业结构的影响。近年，以财政支出和税收结构考察财政对产业结构影响的研究发展起来。例如，储德银和建克成（2014）运用广义矩估计方法研究教育支出、科技支出等财政支出项目与所得税和商品税对产业结构调整的作用；贾敬全和殷李松（2018）关注社会保障、医疗卫生、文体传媒等财政支出项目对产业结构的诱导效应；等等。然而，他们的研究指标多为单一指标或只含单一要素的测度指标，其全面性和合理性等均有待提升。

　　然而，若想对现有用于促进产业结构转型升级的财政政策进行完善，以及时对财政政策进行调整与创新，进而更为有效地发挥其对产业结构转型升级的正向推动作用，科学分析产业结构转型升级现状及客观评价财政政策对产业结构转型升级作用效果是关键。只有透彻分析财政政策与产业结构转型升级两者之间的内在关联性，并在此基础上对现状进行深入分析，即只有明晰财政政策到底如何对产业结构转型升级起作用，并且在多大程度上对产业结构转型升级起作用，起到了何种作用，才能不断完善财政政策，真正推进产业结构转型升级。此外，客观评价财政政策在促进产业结构转型升级中的效果，可以促使决策者反思政策制定、实施过程中存在的问题，不断提升宏观经济管理水平。本书正是基于此，提出从新结构经济学视角研究我国财政政策的产业结构转型升级效应，试图通过对财政政策在促进产业结构转型升级中的作用进行理论与实证分析，发现现阶段我国财政政策在调节产业结构转型升级中存在的问题，并在一定程度上解决该问题，为我国产业结构转型升级和经济高质量发展献计献策。

（二）选题意义

1. 理论意义

本书依据新结构经济学相关理论，分析财政政策对产业结构转型升级的影响效果和机制，丰富了财政政策的相关激励理论和产业结构转型升级影响因素理论体系，为经济高质量发展提供理论借鉴。本书力争运用新结构经济学知识、财政知识及微观和宏观经济学知识，寻求财政政策影响产业结构转型升级的理论依据，在厘清财政政策的产业结构转型升级效应形成机制的基础上，梳理并分析我国产业结构、财政政策的演变路径以及两者的历史关联性，初步分析财政政策与产业结构转型升级之间的关系，提炼出具有普适意义的经济科学问题。同时，也进一步丰富了财政政策影响产业结构转型升级的内在机理分析框架，为政府推动企业转型升级提供了理论支撑。本书在总结前人研究成果的基础上，进一步深入分析了财政政策影响产业结构转型升级的机理，并对财政政策影响产业结构转型升级的相关因素进行剖析，从根源上分析财政政策对产业结构转型升级的影响。

2. 实践意义

一方面，本书探究财政政策与产业结构转型升级之间的作用关系，针对我国政府支持产业结构转型升级的政策体系，提出了合理的建议，在一定程度上为实施创新驱动发展战略、深化供给侧结构性改革、提升政府工作绩效提供了启示。同时，也为我国企业面对高质量发展需求时，如何理解和利用财政等支持政策提供了参考，增强了企业和产业的市场竞争力。最终，有利于加速国家经济发展阶段转变进程，增强应对国内外两个循环能力，增强国家整体竞争力。

二、国内外研究综述

本书的相关研究主要集中在以下四个方面。

（一）产业结构转型升级的内涵、规律及判断标准

产业结构转型升级的具体表现形式与产业结构分类有关，不同的产业结构类型对应不同的产业结构转型升级具体表现形式。国外学者威廉·配第（1672）、亚当·斯密（1776）、克拉克（1957）、恩格尔（1841）、罗斯托（1964）、库兹涅茨（1966）、钱纳里（1986）等在产业结构的三次产业分类法和生产要素分类法基础之上提出了产业结构转型升级的一般规律，即第三产业将会逐渐成为最重要产业部门，知识密集型产业会成为主导产业，并且在规律的描述中暗含了判断标准，如以劳动力比重、产值比重等为标准。该认识也得到了国内学者（贾敬全、殷李松，2018；马海涛、彭倩茜，2018；黄亮雄，2016）的认同。从产业结构转型升级的内涵来讲，产业结构转型升级体现在产业结构的合理化和高度化两个方面（周振华，1990）。该认识已得到了我国学者的普遍认同，但不同的理论学说对于合理化和高度化的具体判断标准存在差异。对合理化的判断主要有国际标准比较法、产业自组织能力判断法等定性判断方法和结构效益法、偏离系数法等定量判断方法。对高度化的判断则有第三产业比重判断方法和劳动生产率判断方法等。

（二）新结构经济学、财政政策与产业结构转型升级的相关性

财政政策能够影响产业结构有其理论依据，是本书可进行研究的前提。学者对于财政是否应该介入产业结构转型升级存在争议。国外学者多从对典型国家（如日本）产业发展案例分析中得出政府是否应当介入产业结构调整的结论（Amsden，1989；佐贯利雄，1988；埃兹拉·沃格尔，1985）。在国内学者中，张维迎与林毅夫两位学者之辩为厘清这部分内容提供了帮助。冯兴元、蔡昉等学者也参与讨论。张维迎主张自由市场，无需产业政策。林毅夫（2010）则在阐述"新结构经济学"理论的基础上揭示了发展中国家政府引领产业结构调整的可能性。以支持财政政策介入为前提，学者从财政政策工具——财政支出和财政收入（主要为税收）两方面对财政政策影响产业结构转型升级的机理进行分析。财政政策的产业结构转型升级效应主要通过财政收支影响需求、供给这两方面而产生，并受限于内外环境，关键在于创新（王华等，2013；宋凌云等，2012；马艳华等，2011；周振华，1990）。基于新结构经济学"一个国家或地区产业结构的最优配置是由其现在的要素禀赋决定的"的观点，财政政策主要通过劳动力、资本等生产要素影响供需。并且，新结构经济学理论强调在经济发展过程中政府和市场必须相互配合，强调政策和各种制度安排必须考虑发展中国家要素禀赋结构和不同发展水平下的结构性特征。也就是说，要充分发挥市场机制的作用，就应该发挥市场在资源配置中的核心作用（林毅夫，2012）。当市场机制严重缺失时，政府的政策干预也难以发挥作用（韩永辉等，2017；青木昌彦，1998；Chalmers & Johnson，1982）。这对我国的相关政策的制定具有一定的启示性。

（三）我国财政政策影响产业结构转型升级的定性分析

目前，我国相关研究往往会在产业和区域范围上进行限制。涉及的

产业主要有铝产业、物流业、文化产业、体育产业、光伏产业、环保产业等20余种，其中有小范围的交叉；涉及的区域主要有浙江县域、广西壮族自治区、贵州省、湖北省、江苏省、京津冀地区等地及国外的一些地区；涉及的功能区主要有开发区和主体功能区。研究中提及的我国目前使用的财政政策工具主要有财政投融资、政府购买、财政补贴、债务援助、设立建设基金（邹璇、余苹，2018；张晓艳等，2015；沈玉平等，2014）。税收政策方面，主要通过税率降低、投资税收抵免、特别折旧等税收减免方式，形成科学合理的税收优惠体系来进行调节（Yong Jiang et al.，2016）。这些研究提出了诸如支出结构的不尽合理、各种支出方式的设计高度不够、税制设计的产业导向性较弱、税收优惠形式单一等问题（王金波等，2018；丁芸等，2014），进而提出了相应的完善措施。

（四）财政政策的产业结构转型升级效应的测度

测度方法一般分为两类：一是通过数理模型推导，二是通过构建计量和经济模型实证检验。国外主流研究方法包括成本效益分析、蒙特卡洛模拟（Rozakis et al.，2005）、局部均衡模型（Bernard et al.，2007）和可计算一般均衡模型、问卷调查、实证回归（Niklas Harring & Björn Rönnerstrand，2016）。国内多采用计量模型进行实证检验。曹海娟（2012）基于模糊综合评价模型，构建产业税收政策有效性评价指标体系，测度我国产业税收政策作用效果。张斌（2011）运用VAR模型分析财税政策对新兴产业的作用效果。曹海娟（2012）利用省级面板数据，建立PVAR模型，测度税制结构对我国分地区产业结构的动态影响。张同斌和高铁梅（2012）构建高新技术产业CGE模型，研究财政激励和税收优惠对高新技术产业的影响，进而研究对产业结构调整的影响。储德银和建克成（2014）使用动态面板模型分析财政支出总量和结构对产业结构调整的作用。也有学者加入空间外溢效应研究财政政策与产业结构关系（刘建民等，2012；2013）。毛军和刘建民（2014）通过构建多因素 PSTR 模型，测度我国财税政策对产业结构升级的非线性效应。王方方和李宁（2017）使用带有随机波动率的时变参数因子扩展向量自回归模型，对我国财政政策对产业结构优化的时变效应进行实证研究。

综上所述，学者在对财政政策与产业结构转型升级两者关系的研究上已取得了较为丰硕的成果，为本书的研究打下了坚实的理论基础。然而，已有研究仍存在如下不足。

第一，只关注财政政策对产业结构转型升级的单一作用，未能将市场化水平纳入研究。新结构经济学和现有的研究都证实了市场在政府介入产业结构转型升级后仍旧具有重要作用。若不考虑市场化水平对研究财政政策的产业结构转型升级效应的影响，很可能造成研究结果的不可信。可考虑将市场化与财政政策作交互，还可考虑在市场化异质性下研究财政政策的产业结构转型升级效应。

第二，用来衡量产业结构转型升级的指标鲜少有具有较强的说服力的或足够全面的。例如，多数研究以产值比重衡量产业结构转型升级水平，但某一产业产值比重大并不等同于产业结构优化。又如，采用仅包含劳动这一生产要素的单要素指标，资本这一重要因素没有被当作指标，不够全面。

第三，产业结构转型升级指标选取缺乏说服力的原因之一可能是没能充分利用相关理论，对产业结构转型升级指标进行筛选和修正。

三、研究思路与内容

本书以财政政策可以更好发挥对产业结构转型升级的促进作用为根本出发点，以新结构经济学相关理论为指导，试图将财政政策影响产业结构转型升级的理论和实践进行结合，重点关注财政政策的产业结构转型升级效应形成的内在逻辑和产业结构与财政演变实际作用效果。希望通过对财政政策的产业结构转型升级效应的形成机制与两者的历史关联性的理论分析和实证检验，客观评估我国财政政策在调整产业结构转型升级方面的作用，进而剖析财政政策现阶段在调整产业结构转型升级方面存在的问题，并尽可能提出有针对性的政策建议，为我国产业结构的转型升级、经济发展方式的转变和经济高质量发展提供帮助。

具体章节内容如下。

导论部分对选题背景、研究目的及意义进行阐述，并围绕产业结构转型升级、促进产业结构转型升级的财政政策进行文献综述。目的在于为将产业结构转型升级与财政政策结合起来研究做好必要铺垫。之后，结合本书的研究特点，简述了研究思路及研究方法，并指出研究中的创新之处与可能存在不足。

第一章为财政政策与产业结构转型升级的理论分析。其一，在明晰产业结构内涵和多种分类方法的基础上，对产业结构转型升级概念进行界定，明确产业结构转型升级的目标、依据，确定衡量产业结构转型升级水平的标准。其二，结合新结构经济学理论阐述财政政策介入产业结构转型升级的理论依据。其三，在清楚界定本书财政政策的研究范围的基础上，剖析财政政策的产业结构转型升级效应形成机理，为后续实证分析提供理论支撑。

第二章为我国产业结构与财政政策的演变路径及现状分析。从历史沿革的角度定性描述我国产业结构和财政政策各自的变迁过程，在客观事实中发掘两者的关系。在此基础上，重点对我国财政政策促进产业结构转型升级存在的问题进行分析，为之后实证结果的原因分析和政策建议的提出打下基础。

第三章为我国财政支出政策的产业结构转型升级效应检验。首先，在新结构经济学理论框架下构建合理的产业结构转型升级指标。其次，要结合实际和数据可得性科学地划分财政支出规模和结构，最后，实证检验，财政支出方面，利用内生联立方程模型分析财政支出的产业结构转型升级效应。

第四章为我国财政收入政策之一税收政策的产业结构转型升级效应的实证检验——基准模型分析和加入市场化水平的分析。基准模型采用面板回归模型进行检验。在基准模型分析的基础之上，将市场化纳入计量模型。利用面板门限模型，选取市场化作为门限变量，实证检验市场化水平影响下我国财政收入政策对产业结构转型升级的作用。通过对财政政策影响产业结构转型升级的实际效果进行分析，来发现问题并分析成因，为进一步提出政策建议提供事实支撑。

第五章为挖掘我国财政政策对产业结构转型升级积极作用的对策建议。在前文的理论阐述、定性分析和定量评估等内容的基础之上，充分挖掘我国财政政策对产业结构转型升级的积极作用。对策建议主要包括我国财政政策促进产业结构转型升级应坚持的三个原则（客观性原则、协调性原则和适用性与时效性原则）、财政支出和收入各自的完善路径和具体措施及转变政府职能、深化财税体制改革、推进财税法治化进程、加强与其他经济政策（包含货币政策）协调性四方面内容。

四、研究方法

本书尽可能结合研究对象，对国内外较前沿的研究方法和模型进行借鉴，采用历史分析与逻辑分析相结合的方法、规范分析与实证分析相结合的方法、定性分析与定量分析相结合的方法及比较分析方法，对我国促进产业结构转型升级的财政政策进行系统研究。

具体而言，采用逻辑分析与历史分析相结合的方法，对财政政策影响产业结构转型升级问题进行了深入系统的理论分析；以时间为序，阐述了我国产业结构和财政政策各自的历史变迁及财政政策影响产业结构转型升级的路径演变。

实证分析方面，主要采用经济和计量模型检验我国财政政策的产业结构转型升级效应。首先，搜集和处理数据，形成面板数据。具体来说，实证分析的准确性一定程度上依赖于产业结构转型升级这个被解释变量指标的选择。考虑到数据可得性，本书采用产出和投入要素耦合程度，即结构偏离系数测度产业结构合理化，采用劳动和资本综合生产率指标衡量产业结构高度化。其次，确定具体模型。本书使用空间误差模型检验财政支出对产业结构转型升级的作用效果，使用面板门限模型探究随经济发展水平变化，税收与产业结构合理化和高度化的非线性关系。

采用比较分析的方法归纳总结世界上产业结构相对成熟和稳定的国家或政府对产业发展干预相对较多的国家和地区，在利用财政政策促进产业结构转型升级方面的经验。在前面的逻辑分析、历史分析、实证分析和比较分析的基础上，结合财政政策影响产业结构转型升级的定性和定量分析，采用规范分析的方法，就如何进一步完善我国促进产业结构转型升级的财政政策提出建议。

五、创新之处与不足之处

（一）可能的创新

1. 学术观点方面的创新之处

本书提出衡量财政政策影响产业结构转型升级的效果应与特定的财政政策分类和产业结构指标选取紧密关联。因为政策有效性体现在政策目标的实现上，不同的财政政策分类和产业结构分类会导致目标设定的不同。

2. 学术思想方面的创新之处

本书以新结构经济学为研究视角，探究了财政政策的产业结构转型升级效应，一定程度上弥补了现有文献关于财政政策和产业结构转型升级之间的关系的研究的不足。基于新结构经济学，针对现有实证研究，在模型的设定和变量的选取上作出了一定改进。在被解释变量产业结构合理化与高度化的测度上，在劳动力这一投入要素基础上加入资本，运用永续盘存法系统估算了我国 28 个省份 2007—2021 年三次产业资本存量。

（二）研究的不足之处

在研究内容上，在国家及地区经验借鉴部分，由于仅掌握英语这门外语，对于一些外文资料未能获取第一手资料，可能存在内容有些单薄等问题。

在实证分析方面，产业结构合理化和高度化的指标选择中，在加入资本和劳动力两种生产要素的指标合并问题上采用几何平均法，在进行稳定性检验后确定了该指标的可靠性，但因尚鲜有文章将资本量化，加入其中，其严谨性可能有待进一步提升。在实证研究方法上，随着计量模型应用的不断发展，可能会出现拟合度更好的模型，笔者将在今后时刻关注相关模型的发展，不断优化。这也是本研究需要继续深入研究的方向之一。

由于笔者长期在学校学习，接触实务有限，在政策建议部分可能存在建议不够具体等问题。针对财政支出结构部分的政策建议，本书虽给出了教育支出、社会保障和就业支出等支出项目相关政策的完善建议，但仍旧较宏观。由于实证部分针对财政支出形式的省级面板数据的获取较为困难，暂未从支出形式角度进行实证研究。因此，支出形式丰富化部分的政策建议可能不够具体，后续会结合工作后的实务经验和针对性调研来补充政策建议和强化其针对性。

第一章

财政政策与产业结构转型升级的理论分析

　　界定产业结构转型升级是研究我国财政政策的产业结构转型升级效应的第一步。首先要厘清产业结构与产业结构转型升级的概念，梳理相关理论，并在此基础上寻求最佳的衡量产业结构转型升级程度的指标。本书在分析财政政策的产业结构转型升级效应时不是面面俱到的，而仅对财政政策的部分内容进行较为透彻的分析，这对于后续历史关联性分析、实证研究及政策建议的提出都是十分必要的。本研究展开的前提是确定财政政策和产业结构转型升级之间存在关系。因此，需寻求新结构经济学中财政政策影响并可有效促进产业结构转型升级的理论依据，剖析财政政策的产业结构转型升级效应形成的机理。此外，在理论章节进行财政政策影响产业结构转型升级的相关因素分析，对于明确财政政策的作用点和后续研究十分重要。

第一节　产业结构转型升级的内涵及判断标准

一、产业结构的内涵和分类

（一）产业结构的内涵

　　市场经济是西方主流经济学研究产业经济的前提。因而，他们在产业经济领域对产业组织的关注度远高于产业结构。他们认为在经济学中，"产业经济学"和"产业组织学"这两个术语是同义词，所涉及的是关于企业及其所处产业的理论和经验性研究（Martin，2003）。早期的发展经济学家重视结构分析，重视市场失灵，认为发展中国家产业结构僵化，市场无法有效配置资源，主张政府应积极干预，主导产业结构调整（康柯，2014）。

　　产业结构这一概念在经济领域中最早出现于 20 世纪 40 年代。它既可用来解释产业内部及产业间关系，也可用来解释产业内企业间的关系结构以及地区间产业分布（刘志雄，2017）。随着产业结构理论发展成为涵盖两个既有所不同又相互联系的部分，即产业发展形态理论和产业关联理论，产业结构的定义也依理论相异而出现不同。在产业发展形态理论中，产业结构是国民经济中各产业资源之间的相互联系、相互依存、相互提升资源配置效率的动态相关关系；在产业关联理论中，其是国民经济各产业在经济活动中形成的经济技术联系以及由此产生的各产业之间的产出比例（刘盈曦，2014）。如今，产业结构理论已经发展成为涵盖产业结构形成理论、产业结构演变理论、产业结构影响因素理论等多种理论的理论体系。可见，人们对于产业结构的理解越来越综合化。人们认为产业结构是区域社会再生产过程中形成的立体型投入关系总和，是区域经济中各产业间量的比例和质的统一。

（二）产业结构的分类

产业结构分类有不同的分类视角。其一是依托于对产业的分类。在产业分类的基础上，各产业内部和产业间会形成量与质的结构关系。也就是产业结构的分类自然产生于产业的分类，目前对于产业的分类主要有两大部类分类法、三次产业分类法、生产要素密集程度分类法等。其二是依托于产业结构本身的性质分类，如合理与否等。两者的切入角度不同，前者分类方法下每一种产业结构都会呈现后者分类下的状态。

1. 依据产业分类划分产业结构类型

（1）两大部类分类法。两大部类分类法源于马克思主义政治经济学。马克思在《资本论》中明确将劳动划分为生产劳动和非生产劳动两种，并明确指出"只有直接生产剩余价值的劳动是生产劳动"，"非生产劳动是指那种不和资本进行交换，直接和收入即工资和利润（包括利息、地租）交换的劳动"（马克思，1975）。根据对劳动的分类，可相应地将产业分为两大部类：创造剩余价值、生产物质资料的生产性劳动部门（包括农业、工业和建筑业等）和不从事物质资料生产、只为生产劳动提供非物质服务的非生产性部门（如金融、保险、教育等）。与此产业分类对应，产业结构也就自然地分成了两大部类产业结构。这种分类方法在现在的产业研究中较少使用。

（2）三次产业分类法。三次产业分类法是依据社会生产活动中生产资料的加工程度和生产活动的进行顺序来划分产业的方法。第一产业主要是指以利用自然力为主、简单加工生产初级产品和工业原料的生产部门，包括种植业、林业等；第二产业是指对初级产品和原料进行再加工的部门，包括工业等；第三产业则是向生产和消费提供服务的部门，包括运输业、通信业、商业、餐饮业、金融保险业等。我国的《国民经济行业分类》（GB/T 4754—2017）采用的就是三次产业分类法。第一产业包括农、林、牧、渔业，农林牧渔业服务业现已归入第三产业；第二产业包括采矿业、制造业、电力和燃气及水的生产和供应、建筑业，概括起来即包括工业和建筑业；第三产业则包括交通运输、仓储和邮政业、信息传输、计算机服务和软件业、批发零售业、住宿和餐饮业、金融业、房地产业、租赁和商务服务业、科学研究、技术服务和地质勘查业、水利、环境和公共设施管理业、居民服务和其他服务业、教育、卫生、社会保障和社会福利业、文化体育娱乐业、公共管理和社会组织、国际组织。在此基础上形成的三次产业间量的比例和质的统一便是以三次产业分类为基础的产业结构。

（3）生产要素密集程度分类法。生产要素密集程度的分类方法是依据各产业生产中投入的最主要生产要素来划分产业类型的方法。若生产中劳动力这一生产要素为最主要投入要素，那么该产业就称为劳动密集型产业；若生产中资本为最主要投入要素，那么该产业就称为资本密集型产业；若生产中技术或知识为最核心生产要素，那么该产业就称为技术或知识密集型产业。具体来讲，劳动密集型产业在生产中对劳动力投入的依赖程度高于设备和技术。劳动密集型产业在我国主要包括农业、林业、纺织纺线及织物、服装及衣着附件、鞋业、家具行业等。资本密集型产业对单位劳动力所占用的固定资本和流动资本要求较高，在我国主要包括钢铁产业、运输设备制造业、石油化工业、电力工业等，主要集中在基础工业和重加工业，对于实现经济工业化十分重要。技术密集型产业在生产过程中对技术的依赖度最高，在我国主要包括现代制药工业、航空航天业、电子信息制造业等。由生产要素密集程度分类形成的产业结构便是生产要素密集程度分类下的产业结构。这也是目前较为常用的分类方法之一，并且它与三次产业分类常常结合起来使用，三次产业各产业内部均有要素密集程度不同的具体产业或行业。

（4）其他分类方法。比较常见的分类方法还有洛（Lall，2000）分类法，它是在 Pavitt（1984）和 Hatzichronoglou（1996）提出的分类方法基础上改进细化后得到的（刘盈曦，2014）。洛分类法是对照 SITC 三位数分类，基于行业技术含量和贸易结构不同，将行业划分为十大技术类别的分类方法。例如，简单加工和生产的产业为初级产品产业，除此之外还有资源型产业、低技术制成品业、中技术制成品业和高技术制成品业。此外，还有国家标准分类法等。

2．依据产业结构本身性质划分产业结构类型

（1）依据产业结构整体协调程度，可以将产业结构分为协调型产业结构和失衡型产业结构。协调型产业结构就是各产业间数量比例关系均衡，投入产出和供需都达到平衡的产业结构状态，反之则为失衡。以三次产业分类为例，协调型产业结构就是三次产业间数量比例关系合理，产业间和产业内劳动等生产要素的投入与产出（如产值）之间相匹配，市场供需平衡。

（2）依据三次产业在国民经济中所占比例及其地位不同，可以分为金字塔型、鼓型、哑铃型和倒金字塔型。金字塔型是指第一产业所占比重最大，具有关键性地位，第二产业次之，第三产业比重最小。这种结

构通常是农业社会的标准产业结构（梁媛媛，2015）。鼓型是工业社会典型的产业结构，是第二产业在国民经济中比重最大，并且地位最为重要。哑铃型则与鼓型恰好相反，是第二产业所占比重最少的产业结构。鼓型和哑铃型都可依据第一和第三产业的份额多少细分为两种类型。倒金字塔型则是后工业社会或发达的工业国家的典型产业结构（梁媛媛，2015）。

（3）依据经济发展程度、技术水平、附加值等，可将产业结构划分为初级结构、中级结构和高级结构。初级结构通常是经济发展水平较低、技术附加值较低的产业结构，往往以劳动密集型产业为主。中级结构则是技术水平等相对较高，以资本密集型产业为主的产业结构。高级结构则是经济发展水平最高，各产业技术水平、加工程度和附加值都最高的，以技术密集型产业为主的产业结构。对应三次产业来说，初级结构就是以第一产业为主的产业结构，中级结构就是以第二产业为主的产业结构，高级产业结构就是以第三产业为主的产业结构。

依产业结构本身性质进行分类，往往也是以三次产业分类法和生产要素密集度分类法为基础的。依产业结构本身性质分为三类，其三类结构之间实际上具有密切联系。例如，产业结构从初级结构到中级结构和高级结构的每一次转变，实际上就是产业结构从非均衡化结构到均衡化结构的转变，也是产业结构从金字塔型结构逐步向倒金字塔型结构的转变。产业结构转变方向即为产业间量（如三次产业间比例关系的合理）与质（如产业内与产业间投入与产出的匹配或是产业生产率的整体提升）的关系的统一。由此可以初步看出产业结构发展的两个方向，即产业结构从非合理化向合理化的转变，从低级化向高级化的转变。这也是本书重点研究的两个方向。

二、产业结构转型升级的概念及判断标准

（一）产业结构转型升级的概念

产业结构转型升级在现有文献中并没有统一的标准性概念，且表达方式也不唯一。例如，产业结构调整、产业结构调整和优化、产业结构转型升级、产业结构优化升级等，本书认为它们均等同于本书产业结构转型升级这一概念。总体而言，产业结构转型升级是在适应社会经济发展的过程中，各产业间和各个产业内部同时相互协调的状态，是各产业间及其内部资源的配置比例和流动趋于合理，生产率稳步提升的过程。

产业结构转型升级的具体表现形式与产业结构分类型有关，不同的产业结构类型有不同的产业结构转型升级具体表现形式。对应三次产业分类，产业结构转型升级表现为产业结构实现从"二三一"到"三二一"的转变；对应生产要素密集程度分类，产业结构转型升级可表现为从以劳动密集型产业为主逐渐向以技术密集型产业为主发展。综合起来可以看到，产业结构转型升级是产业结构整体性、系统性、综合性的变革过程，既体现为三次产业结构的转型升级，也体现为产业发展方式的转型升级；既体现为产业之间的转型升级（三次产业比例关系的变化），也体现为产业内部的转型升级（企业加工能力的提升、产品附加值提高等）；既体现为静态的转型升级效果，也体现为动态的转型升级过程；既体现为实践方式、工作方法、政策实施的转型升级，也体现为思想观念、思维方式、发展战略的转型升级（陈访贤、徐充，2015）。

由此可见，产业结构转型升级并不等同于行业的转换，两者间并无必然联系。转型升级的核心应该是转变经济增长的方式，从高投入、高消耗、高污染、低产出、低质量、低收益转变为低投入、低消耗、低污染、高产出、高质量、高效益，从外延型转变为内涵型增长方式。换言

之，产业结构转型升级是指产业结构趋于合理化和高度化。[①]

（二）产业结构转型升级的判断标准

产业结构转型升级水平依据产业结构转型升级内涵，可从产业结构的合理化和高度化两方面进行判断。合理化和高度化各自有具体的衡量标准，基于不同的理论基础又有不同的衡量指标。衡量指标又可以分为单一指标和指标体系。单一指标将在产业结构合理化和高度化的判断标准中直接给出，指标体系则单独进行说明。

1．产业结构合理化

产业结构合理化强调产业间协调能力的加强和关联水平的提高，重点在于促进国民经济各产业间的协调发展。具体包括产业之间和各产业部门之间相对地位、关联关系、增长速度、素质及演进阶段的协调（陈访贤、徐充，2015）。产业结构既是动态变化的，又处于一种相对稳定的状态。它与一个国家或一个地区的社会发展程度、经济状况、市场需求水平以及国际环境等因素息息相关。目前学术界关于产业结构合理化的观点大致有四类：其一是产业结构协调说，认为产业间协调即合理（李京文、郑友敬，1988）；其二是产业结构效益说，认为产业结构合理是指可取得较好的结构效益（王述英，2002）；其三是产业结构动态均衡说，认为产业结构合理化就是要促进产业结构的动态均衡和产业素质的提高（苏东水，2006）；其四是资源合理配置说，其认为在一定的发展阶段，符合资源禀赋并满足需求的资源在产业间能够合理配置和有效利用的产业结构便是合理的（史忠良，2005）。综合来看，产业结构合理化可以认为是一个国家或一个地区各产业适应该国或该地区消费需

---

① 最先由周振华于 1990 年在《产业政策分析的基本框架》一书中提出，现已得到广泛认同。

求、技术水平、经济条件和资源条件，各产业间相互协调、相互均衡，达到资源合理配置并由此产生结构效益的产业结构状态。

相应地，依据产业结构合理化的不同定义，国内外学者给出了不同的产业结构合理化评价方法，总结起来主要有如下方法。

第一，定性比较方法：一是国际标准比较法。实质上是通过对大量数据的统计得到不同人均收入下产业结构的标准（如钱纳里的"产业结构标准模式"和库兹涅茨的"标准结构"等），采用直观比较方法将本国或本地区的产业结构情况与同等国民生产总值下的标准产业结构进行比较，得到产业结构合理化水平。二是资源利用效率基准比较法（孟浩、史农良，1998；样公仆、厦大慰，1998）。虽然学者对该比较法下评价基准作了阐述，即资源在产业间的充分利用，并带有动态性，但因未能提出具体的计算方法而缺乏实用性。三是产业结构自组织能力判断法（方湖柳，2003）。该比较基准强调产业结构的系统性和动态性，但仍停留在逻辑假设阶段，同样缺乏实操性。四是供需平衡比较法，即将产业结构合理与否与市场供需的平衡状况联系起来，供给需求越匹配，则产业结构越合理。影子价格分析法（黄中伟、陈刚，2003）的原理实际上也是供需平衡，只是其以最优资源配置时产品边际产出相等为出发点，考虑各产业影子价格与影子价格平均值之间的偏离程度。

第二，定量评价方法：一是技术进步率法，即一个国家或一个地区的产业技术进步速度对于总产值的增速的贡献率越高，则该国或该地区的产业结构越合理；二是结构效益法，即产业结构可以推动经济发展即为合理，以结构效益说为理论依据；三是消耗系数法（邬义钧、邱钧，1997）；四是偏离系数法，指要素投入结构与产出结构之间的耦合程度。目前基于资源合理配置说的偏离系数法最为常用。偏离系数法又分为单要素（韩永辉等，2017）、多要素（吕明元等，2016）和泰尔指数（干春晖等，2011）三种，后两者对前者的改进。此外，潘文卿和陈水源（1994）还提出一种利用实际产业结构和经济技术特征偏离度，用表示两者的向量的夹角来衡量产业结构合理化的方法。

可以看到，资源在产业间的合理配置是产业结构合理化的较为明显的表现形式，并且其可以较好地被量化。因此，本书在实证章节面板数据分析中将采用资源配置说，使用修正后的多要素的偏离系数法形成产业结构合理化测度指标，该指标数值越大，则产业结构越合理。具体来说，则以三次产业结构分类为基础，参考刘伟等（2008）、干春晖等（2011）和吕明元与陈维宣（2016）等的研究成果，以要素投入结构和产出结构的耦合程度及三次产业产出占比加权来衡量产业结构合理化，即 r。具体计算公式如下。

$$r = -\sqrt{\left[\sum_{i=1}^{3}\left(Y_{it}/Y_t\right)\left|\frac{Y_{it}/L_{it}}{Y_t/L_t}-1\right|\right]} \times \sqrt{\left[\sum_{i=1}^{3}\left(Y_{it}/Y_t\right)\left|\frac{Y_{it}/K_{it}}{Y_t/K_t}-1\right|\right]} \quad (1-1)$$

式中：Y_i/Y_t 为 t 时刻 i 部门产出占总产出比重，$|(Y_{it}/L_{it})/(Y_t/L_t)-1|$ 和 $|(Y_{it}/K_{it})/(Y_t/K_t)-1|$ 分别为劳动投入结构和资本投入结构与产出结构的耦合程度。

将两者做几何平均处理得出综合耦合度，因为耦合度为逆向指标，故本书取其相反数将其转化为正向指标，即 r 值越大，则产业结构越合理。

2．产业结构高度化

产业结构高度化（又称为高级化）主要是指通过技术创新和科技进步，使产业结构向更高层级演变。技术进步是产业结构高度化的关键所在。具体来说，依据不同的产业结构分类方法，产业结构的高度化具有不同的表现形式。其一，依据三次产业结构分类法，产业结构高度化是指促进一国的支柱产业或者说是产业结构的重心由第一产业向第二产业和第三产业依次逐渐转移的过程，这也是一个国家或一个地区经济发展程度和发展阶段的表现。这种产业重心的转移往往通过三次产业间产业增加值的比例、三次产业间就业分布等比例变动来具体体现。其二，依据生产要素密集程度的分类方法，产业结构高度化主要是指促进一个国家或一个地区的主要支柱产业或者是产业重心由劳动密集型产业向资本密集型产业和技术密集型产业转变。往往由技术密集型产业产值或增加值的比例和高新技术产业产值或增加值的比例等来表示。此外，还有由以粗放型生产的产业为主向以集约型生产的产业为主转化；由以制造初级产品的产业为主向以制造中间产品、最终产品的产业为主转化；由以传统产业为主向以新兴产业为主转化；由以生产率低的产业为主向以生产率高的产业为主转化（陈访贤、徐充，2015）。实际上，不同表现形式下产业结构高度化的转型升级本质上均是生产率的提升，高度化过程实际表现为生产率提升的过程。产业结构高度化发展必然伴随着社会分工和专业化，而生产率提升又是社会分工和专业化的必然结果，即产业结构高度化体现在生产率变化之中。

此外，20世纪以来，产业结构对环境和自然资源的影响得到重视，因而随着经济社会发展，产业结构高度化的过程还暗含着产业结构绿色化的过程，产业结构高度化包含节能环保这一内涵。以我国为例，科学发展观带来经济持续健康发展的理念，和谐社会要求人与环境友好相处，新时代"绿水青山就是金山银山"更是将环境对于经济的重要影响淋漓尽致地展现出来。近年来，国家相关部门深入推进环境污染防治，持续深入打好蓝天、碧水、净土保卫战。促进节能环保产业发展，提高产业节能环保能力，降低污染程度是产业结构高度化发展的应有之义。单位能耗、循环利用率等都是可对节能环保水平进行衡量的指标。但将其放进产业结构高度化中，其也可以透过生产率等相关指标进行衡量。因为在提升资源利用率、降低经济发展对资源的依赖程度的过程中提升生产技术水平至关重要，而这往往会带来生产率，特别是劳动生产率的提升。

综上所述，若依据产业结构高度化的表现衡量产业结构高度化，可以采用如下单一指标，如第二和第三产业增加值比重、第二和第三产业就业比重、非农产业占 GDP 比重指标（干春晖等，2011）、第二产业与第三产业的比重、平均修正范数指标（白雪梅等，1995）和结构关联经济技术矩阵最大特征值倒数（潘文卿、陈水源，1994）。笔者认为，除最后一项单一指标外的其他单一测度指标的理论依据主要是克拉克定律，其中的平均修正范数则更偏向于对于产业结构转型升级整体程度的评价。

若从产业结构高度化发展的实质出发，Grossman 和 Krueger（1995）基于内生增长模型提出将物质资本和人力资本在生产率高的行业和回报率高的行业占比作为产业高级化的评价指数。此外，也可以直接使用劳动生产率测度。劳动生产率由最初的产值与劳动力人数之比，发展为以产值比重为权重的修正后的劳动生产率（周昌林，2007；刘伟等，2008），之后又有学者将其改进为赋有权重的多要素生产率（吕明元，2013）。本书在实证研究中将使用改进后的赋有权重的多要素生产率指标对产业结构高度化 h 进行量化。其计算公式如下。

$$ h = \sqrt{\left[\sum_{i=1}^{3}\left(Y_{it}/Y_{t}\right)\times LP_{it}^{N}\right]} \times \sqrt{\left[\sum_{i=1}^{3}\left(Y_{it}/Y_{t}\right)\times\left(Y_{it}/K_{it}\right)\right]} \tag{1-2} $$

式中：Y_{it}/Y_{t} 为 t 时刻 i 产业部门的产出占比，LP_{it}^{N}[①] 为标准化后 t 时刻 i 部门的劳动生产率，Y_{it}/K_{it} 为 t 时刻 i 部门的资本生产率。

将劳动和资本生产率进行几何平均求得产业结构高度化衡量指标 h，该值越大，则产业结构高度化水平越高。此外，本书采用的产业结构高度化指标看似和合理化的公式有些相似，但是仅从公式入手推理，两者之间并不存在确定的正向或者反向或者同大或一大一小的关系。从实际意义来理解，两者更像是"公平"与"效率"的关系。

---

① $LP_{it}^{N}=\left(LP_{it}-LP_{ib}\right)/\left(LP_{if}-LP_{ib}\right)$，其中 b 时刻为工业起点，f 时刻为工业终点。

3. 衡量产业结构转型升级的指标体系

对于产业结构转型升级程度的衡量可以从产业结构合理化和高度化两个方面进行。指标的选取既可以使用单一指标，也可以将各指标有序纳入同一体系，组成指标体系。指标体系可以克服单一指标信息维度和信息数量受限的弊端。综合指标体系将单一的指标进行合理的整合，构建多维的、多层级的指标体系。这种指标体系既可以衡量产业结构转型升级的整体水平，如汤婧和于立新（2012）、储德银和建克成（2014）就使用层级指标构造测算产业结构调整指数，也可以衡量产业结构转型升级中某一方面（如高度化）的水平，如李子伦（2014）在对具有代表性的 OECD 国家和金砖五国的产业结构进行对比分析时，使用科技创新能力、人力资本积累水平和资源利用效率水平构建产业结构高度化指标体系。相比而言，构建衡量产业结构转型升级的整体评价指标体系较为常见。此外应当注意，纳入指标体系的体现产业结构转型升级的层级指标的选取，应建立在对产业结构定义清晰界定和类型准确划分的基础之上。①

采用层级法计算产业结构转型升级指数时，指标层一般包括三层。一级指标属目标层，指标信息为产业结构转型升级指数；二级指标属领域层，指标信息可以为三次产业产值发展状况、三次产业劳动力人口分布情况等；三级指标则是最终指标层，根据指标层指示的具体指标搜集指标数值，进行递推计算，得出领域层指标数值，进而推算出目标层指标数值。层级法所构建的指标体系囊括了多维且大量的信息，具有综合

---

① 本书采用的是狭义的产业结构定义，它是一个立体的具有时空联系的概念，既包括产业间结构关系，也包括产业内结构关系，既包含量上比例关系，又包含质上关联关系。本书以学者普遍使用的三次产业分类法和生产要素分类法对产业结构进行分类，即研究中的产业结构既包含横向的第一产业、第二产业、第三产业三次产业间合理比例，又包含三次产业各自产业内部高度化程度。

性，较之单一指标会大大降低估计结果的有偏性，但是多指标间的综合方式，尤其是对权重的确定，需要特别注意。一旦权重的确定过于主观，综合指标测度的客观性和准确性就会被质疑。

综合考虑利弊，本书采用了综合指标体系对产业结构转型升级程度进行测度，力求综合运用数学、统计学、经济学和其他学科方法，得出真实反映研究对象客观特征的综合数量指数。将两者进行比较，既可以看到产业结构转型升级两个方面的发展趋势，又可以看到产业结构整体转型升级情况，同时还可以相互检验评价结果的准确性。在进行综合指标体系指数测定时，本书在借鉴已有研究成果的基础之上，遵循指标体系设计必须遵循的原则，先进行指标体系的初步确定；而后采用专家咨询等方法修正初步建立起的指标体系，并最终建立产业结构转型升级指标体系；在认识到权重的确定至关重要的前提下，试采用主客观结合的方法确定权重。需要说明的是，产业结构转型升级指标指数是一个大于0、小于1的具体数值，并且该数值越大，说明产业结构转型升级程度越深，此时的产业结构也就越合理。衡量建立的产业结构转型升级指标体系是否合理的内容较多，因此本书并未详细列出。

第二节 财政政策影响产业结构转型升级的理论依据

从财政视角来看，以新结构经济学为主要依据，分析财政政策影响产业结构转型升级的理论基础，分析政府介入市场的必要性。本书从市场失灵、凯恩斯主义和货币主义视角和 IS-LM 模型三方面阐述财政政策干预产业结构转型升级的理论依据。

一、市场失灵理论

西方福利经济学第一定理认为，运行良好的经济无需政府任何干预便能够实现资源配置的帕累托最优。然而，这样的资源配置缺乏对分配公平性的考虑，其是否符合社会各方需求不能确定。此外，完全竞争市场的假设在现实中难以实现。基于以上考虑，政府有必要对经济进行一定程度的干预。

依据公共财政理论，市场失灵通常表现在两方面。第一个方面是市场影响力。一旦有人或者企业不再是价格的接受者，而是价格的制定者，即他们拥有影响价格的能力，此时的资源配置往往就是低效率的。也就是一旦市场的完全竞争假设被打破，出现垄断，或者某些行业出现多个拥有市场影响力的生产商生产有些许差别的同类产品时，他们就可以通过供应少于本来可供应的产量，将价格提高至边际成本之上，打破帕累托效率的必要条件。第二个方面是市场不存在。它又包括信息不对称和外部性。前者指交易双方拥有不等量的信息；后者指一个个体的行为影响另一个个体福利的情形，该影响发生在现有的市场之外。这种状况的出现导致价格机制不能对商品的机会成本提供正确信号，随即出现市场失灵（Rosen & Gayer，2008）。

通过本章第一节的阐述可知，产业结构转型升级是一个渐进的过程，是一个动态变化的过程，转型升级会受到诸如国际经济环境和国内的政策等多种经济和非经济因素的影响。因此，产业结构转型升级的过程中市场失灵状况的出现几乎成为必然。若出现市场失灵的情况，那么产业结构转型升级的过程中就需要政府介入。而产业结构转型升级过程中技术进步带来的正外部性和污染带来的负外部性问题难以避免，因此需要政府介入并适当干预市场。因此，此处就以市场失灵的表现之一外部性为例进行说明。

对生产者来说，外部性会影响其供给水平。在正外部性影响下，由于私人边际收益小于社会边际收益，有效供给往往会低于社会最优供给水平，造成供给不足。而负的外部性影响下，由于私人边际成本小于社会边际成本，往往导致供给过量。外部性问题可以通过私人和政府介入两种方式进行解决。首先，看私人对于外部性的解决。其一，在产权明确、当事人较少且外部性问题的产生根源相对清晰的情况下，可依据科斯定理解决。其二，通过合并可将外部效应内在化。此时，对于合并后的整体而言，外部性问题已不存在，因为现在的外部性问题转化为了内部相互影响问题。其三，有些社会习俗一定程度上可以弱化负的外部效应。然而，当个人不能自行有效解决外部性问题时，就需要政府通过对特定市场活动进行干预来加以解决。政府解决外部性问题的方法主要有征税和补贴、排污费和总量控制与交易制度。例如，针对污染问题，庇古就提出了对污染者的单位产量征收税，税额正好等于污染者在效率产量水平上造成的边际损失（庇古税），由此解决污染的负外部性问题。

现实中，通过私人解决外部性问题的前提条件往往是无法满足的，如科斯定理要求的交易费用为零和产权明确这两个前提条件就很难满足。这时，政府的干预就十分必要了。政府通过财政政策解决外部性问题，采用财政补贴等方式鼓励具有正外部效应的行为，激励其多生产；采用征税、增加交易成本等方式遏制具有负外部效应的行为，使其减少生产。最终，可以通过财政政策对微观主体的作用来影响相应产业的发展，进而影响产业结构转型升级。

总体而言，政府在产业转型升级中的作用可以定位为提供公共产品和服务、矫正外部性、减小信息的非对称性、为市场提供良好的发展环境。政府介入市场方式之一就是利用财政政策进行调控。政府介入市场的目的是通过多种手段来纠正市场失灵，促使宏观经济的协调发展。具体到产业结构转型升级这一政策目标上，为实现这一目标，政策需充分利用财政支出和税收中可以对产业结构转型升级产生作用的那部分政策。财政支出政策和税收政策作为重要的体现政府意志的国家宏观调控手段，在产业结构阻碍了经济持续健康发展而市场又无法发挥作用的情况下，政府利用其政策推动产业结构向合理化和高度化转型升级具有十分重要的现实意义。

二、财政职能理论

财政具资源配置、收入分配、经济稳定与发展和监督管理四项基本职能。这四项基本职能都内在要求政府积极促进产业结构转型升级。

具体来说，资源配置就是要运用有限资源形成一定的资产结构、产业结构以及技术结构和地区结构。财政对资源配置产生影响就说明财政对产业结构也会产生影响。财政资源配置职能的特点就是财政通过自身的收支活动提供公共产品和资金支持，引导资源的合理流动，从而弥补市场缺陷，使得社会资源配置实现帕累托最优。这一职能特点本身就说明政府应该适当干预市场，以此来促进资源有效配置。其中，通过国家预算调节增量，通过财政支出和税收政策工具调节存量，其具体体现在财政支出和税收政策等方面。结合本节第一部分的内容可知，现实产业结构转型升级过程的确存在市场失灵现象，因此财政资源配置这一职能就内在要求政府确定财政支出和税收的总量及其合理比例，提高资源配置的总体效率；要求政府优化财政支出和税收结构，有保有压，提高资源配置的结构效率。

收入分配是指财政在市场经济条件下，面对多因素造成的经济主体收入差距较大的情形，通过二次分配以在一定程度上缓解社会公平等问题。这是一种更为直接的分配，在一定程度上直接影响供需。财政收入分配职能的实现要求明确市场分配和财政分配的界限和范围。实现该职能的手段主要是税收调节和转移支付，转移支付是其最主要的调节手段。具体到产业结构转型升级中，运用财政补贴可以直接对产业的发展产生影响。例如，财政对于新能源产业的补贴就会降低新能源企业的成本，在其他条件不变的情况下，可以增加其利润，从而带动新能源产业的发展，促使生产要素的流入。又如，对于个人的转移支付可以有效增加社会的消费需求，进而促进产业结构转型升级。

经济稳定是指社会处于充分就业、物价稳定和国际收支平衡等多重稳定状态。经济稳定与发展职能要求针对经济运行状况，灵活调整财政收支，影响总供需，使之趋于平衡；要求处理好经济稳定与经济长期增长关系。短期调节总需求，长期则调节总供给。产业结构对于一个国家或一个地区的经济长期增长至关重要，也会影响该国或该地区的就业等。经济稳定与发展职能就内在地要求通过财政政策加速产业结构转型升级，确保国民经济的稳定与发展。特别是当一个国家或一个地区的产业结构已经在一定程度上制约了其经济的持续健康发展时，经济稳定与发展的财政职能要求财政政策必须积极发挥其调控作用，促进产业结构转型升级。

监督管理职能则是渗透于财政的资源配置职能、收入分配职能和经济稳定与发展职能这三项职能之中的。这一职能要求对经济运行进行监督管理，对经济现状进行分析和洞察，并且运用一定的政策工具进行管理。具体到产业结构转型升级过程中，则要求财政政策积极发挥促进作用，并且为产业结构转型升级提供保障。同时，这也在一定程度上要求对财政政策促进产业结构转型升级的程度作评估，从广义上来讲，这都为财政政策作用于产业结构转型升级提供了理论依据。

三、新结构经济学理论

新结构经济学是"一个使发展中国家获得可持续增长、消除贫困，并缩小与发达国家收入差距的理论框架"（林毅夫，2010）。该理论强调在经济发展过程中政府和市场必须相互配合，强调政策和各种制度安排必须考虑发展中国家要素禀赋结构和不同发展水平下的结构性特征。一个国家或一个地区的经济结构是由劳动力、人力资本、物质资本等要素禀赋及其结构决定的。伴随着经济发展水平的变化，一个国家或一个地区的最优产业结构也会发生变化。而经济发展水平的变化又是连续的，因此产业结构转型升级的过程也可以是平顺的。

不同的产业结构意味着会有不同的最优生产规模、交易复杂程度和风险种类等，这就需要特定的"硬性"和"软性"基础设施与之匹配，来尽量降低运行和交易费用。这些基础设施在一定程度上可以被认为具有公共产品的特性。由前文分析可知，产业结构转型升级的一个关键性要素即为创新。如果把创新看作一件产品，那么它在一定程度上符合消费的非竞争性和受益的非排他性，即具有准公共产品的两个基本特征。或者换一个角度来讲，具有极大正外部性的产品往往可以被看做公共产品。从这个角度出发，产业结构转型升级过程中容易出现搭便车问题，即愿意享受消费该公共产品得到的效益，而不愿对其进行支付。此时，由公共产品理论可知，单独依靠市场进行供给是不足的。于是可知，市场机制虽为根本性机制，但是政府对市场的配合也是必不可少的。政府可以配合市场机制来提供基础设施缓解外部性问题，发挥引导作用，促进产业结构转型升级。此外还需注意，发展中国家若想"使经济向无扭曲的最优状态转型升级"，政府应该采取"一种务实、渐进的退出战略"。为维护宏观稳定既要对优先发展产业提供暂时性保护，又要通过逐渐退出竞争领域的行为使得比较优势产业得到真正的发展。

第三节　财政政策的产业结构转型升级效应形成机制

一、财政政策的概念及分类

（一）财政政策的概念

财税政策并非十分标准的经济学用语。对"财税政策"字面进行拆分可以将其拆分为两组用语，即财政政策与税收政策。对财税政策作进一步的理解便可知两者并非并列关系，"税"是"财"的一部分，即税收政策是财政政策中财政收入政策的有机组成部分。这也从一个侧面说明，税收作为一般公共预算收入的主要组成部分，意义重大。本书采用规范的"财政政策"来进行阐述。重要说明的一点是，本书并未研究所有的财政政策，而主要研究财政支出中的一般公共预算支出政策和财政收入中的税收政策两部分，并且对于这两部分是从某一具体的研究视角出发进行研究的，后文将详细说明。

财政政策是一国政府为实现一定的经济目标，调整财政收支规模和收支平衡的指导原则及其相应的措施。财政政策的制定者主要是中央政府，在某种程度上地方政府也可以利用财政政策，但要在中央的政策框架内。与其他公共政策相比，财政政策对经济利益的调控更直接，形式更灵活，可以直接和间接手段并用，能更好地体现国家的意志，以达到预定目标。党的十八届三中全会提出"科学的财税体制是优化资源配置、维护市场统一、促进社会公平、实现国家长治久安的制度保障"，强调"财政是国家治理的基础和重要支柱"，由此可见财政政策的重要地位。

（二）财政政策的分类

财政政策依据不同的标准有不同的分类。按财政政策调节经济周期的作用来进行划分，可以分为具有"自动稳定器"功能的财政政策和相机抉择的财政政策。依据在调节国民经济总量和结构中的不同功能进行划分，可以分为扩张性财政政策、紧缩性财政政策和中性财政政策。依据财政收支组成来分类，可以分为财政收入政策和财政支出政策，本书主要采用该分类方法。财政收入政策包括税收政策和非税收入政策，本书重点关注税收政策；财政支出政策也可以依据不同的标准进行分类，具体分析如下：

1. 财政支出政策

财政支出的规模和结构"对弥补市场机制缺陷，合理和有效配置资源，调节国民收入分配和产业结构等方面都具有积极的现实意义（王曙光等，2008）"。财政支出依据不同的标准可进行如下分类：其一，依据财政支出经济性质，按是否直接等价补偿，可分为购买性支出和转移支付支出。购买性支出包括消费性支出和投资性支出，转移性支付支出主要包括社会保障支出、财政补贴和债务利息和税式支出。其二，依据支出产生效益的时间可分为经常性支出和资本性支出。经常性支出主要包括行政管理支出、国防支出、事业发展和社会保障支出、财政性补贴，资本性支出是指用于购买或生产使用年限在一年以上的耐用品所需的支出。其三，依据国家职能进行分类。国际货币基金组织在《政府财政统计手册》里财政支出进行了分类，各国依具体情况的不同，在分类的项目和内容上有所不同。在我国分为经济建设费、社会文教费、国防费、行政管理费和其他支出五大类。

具体到我国，我国还有依据财政支出具体用途进行分类的[①]，主要有基本建设支出、流动资金、挖潜改造资金和科技三项费用、地质勘探费、工交商部门事业费、支援农村生产支出和各项农业事业费、文教科学卫生事业费、抚恤和社会救济费、国防费、行政管理费和价格补贴支出等。2007年1月1日起，按照我国正式实施的财政收支分类改革。我国目前采用政府支出功能分类（分类设置为一般公共服务、外交、国防、公共安全、教育、科学技术、文化体育与传媒、社会保障和就业、医疗卫生与计划生育、节能环保、城乡社区事务等）和支出经济分类（具体包括工资福利支出、商品和服务支出、对个人和家庭的补助、转移性支出、债务利息支出等）[②]两种分类方法。

影响产业结构转型升级的财政支出政策依据不同的分类标准，可从不同的角度阐述相应的作用机理。比如，若依据经济性质分类，购买性

---

① 这种分类方法是我国其他分类方法的基础。

② 其是在明晰政府职能支出的基础上反映财政资金具体是如何花费的。

财政支出中投资支出是通过政府定向投资行为直接支持和引导产业结构转型升级；转移支付政策中的财政补贴可调动经济主体的积极性，有力地推动产业结构转型升级。此外，政府采购在扶持一国产业自主创新、落实政策意图等方面也具有重要意义。近些年在国际上得到普遍认可的"绿色采购"在一定程度上对企业的技术改造和产品的换代升级形成激励，进而促使产业结构优化。若依据政府支出功能分类，教育支出、科技支出、国防支出等支出项目主要通过加大特定领域支出，促进产业结构合理化与高度化发展。

2．税收政策

税收政策包括两部分：税收总政策和税收具体政策。前者是用以解决国家在一定历史时期税收中存在的基本矛盾的指导原则，后者则是在税收总政策指导下，用以解决税收工作中较为具体矛盾的指导原则（武彦民，2002）。两者都会体现在具体税制当中，体现在具体的税种设计当中，包括税率、税目、优惠、课征环节等各个方面。也就是说，税收政策会通过具体税制安排，以一定的传导机制，来推动产业结构转型升级。本书对于税收政策的研究以税收政策得以具体体现的税种的政策为主进行。

具体来讲，税收的分类方法较多，如按税负是否容易转嫁为标准分为直接税和间接税。直接税强调税负的不易转嫁性，所得税和财产税都属于直接税；间接税则强调税负可转嫁性，商品税就属于间接税。按课税标准可分为从量税和从价税。以税收与价格的关系为标准可分为价内税和价外税。在我国，增值税为价外税。按税种的隶属关系可划分为中央税、地方税和共享税。此外，还有诸如单一税和复合税等税收分类方法。

较为常用的一种分类方法是依据征税对象分为流转税（又称商品税）、所得税、财产税、资源税和行为税。在我国，流转税包括增值税、消费税和关税；所得税包括企业所得税和个人所得税；财产税包括房产税、契税、车船税和车辆购置税；资源税则主要包括资源税、城镇土地使用税、土地增值税和耕地占用税；行为税则包括环境保护税、城市维护建设税、印花税。从理论上讲，这些税种对于产业结构转型升级均会产生或大或小的影响，特别是其中的流转税和所得税，对于产业结构转型升级的作用尤为突出。本书在依据税类性质对促进产业结构转型升级的财政政策进行分析时，主要依据该种分类方法，重点研究流转税和所得税。

二、财政支出的产业结构转型升级效应形成机制

财政政策作为国家进行宏观调控的重要工具，在产业结构转型升级中的作用十分重要。财政政策主要通过财政的收支安排，影响宏观经济环境，作用微观经济主体，通过乘数效应、产量效应、替代效应等，改变供需双方，最终对产业结构转型升级产生影响。财政政策有效促进产业结构转型升级的前提是财政政策的产业结构转型升级效应的形成机制有效。这一部分将对财政支出和税收两方面分别进行分析。财政支出的规模和结构均会对产业结构转型升级产生影响。

（一）财政支出规模影响产业结构转型升级的机理

从财政支出规模角度看，依据凯恩斯理论，财政支出会在乘数作用下，以更高的倍数加速经济发展，由此客观上会促进产业的发展和转型升级。一个国家或一个地区经济发展水平提高，人们收入水平会普遍提高，会拥有相对更为宽松的预算约束，带来消费需求的增加和消费需求的多样化与高级化，从而促进产业结构合理化和高级化。同时，经济发展水平也会带来人力资本水平的不断提升和科学技术的不断进步。经济发展水平实际上为一个国家或一个地区的产业结构转型升级提供了重要的外部环境和经济基础，作用极其关键。财政支出规模对产业结构的影

响将较大程度上取决于财政支出对经济发展的影响。此外，财政支出总量可以实现对资金的重新分配，进而影响要素的流动和发展。

然而，财政支出规模过小与过大均不利于产业结构转型升级与经济发展，并且理论上也可知财政支出规模对产业结构转型升级的效应受制于支出结构，国内外学者针对财政支出与经济发展之间关系的研究未得出一致结论。由此可见，财政支出规模对产业结构转型升级的作用方向具有不确定性，即财政支出对地区产业结构升级可能产生正反双重影响（毛军、刘建民，2014）。

（二）财政支出结构影响产业结构转型升级的机理

在财政支出结构方面，财政支出会在乘数效应的基础上，更多地发挥政策导向作用。财政支出政策上的倾斜（如向科教倾斜、向农业倾斜、向中小型企业的倾斜）等，势必有助于推进经济发展方式的转变和经济结构的调整。财政支出结构上的不断调整和优化会带来越来越精准的产业扶持，迎来发展机遇的高新技术产业等产业又可以带动关联产业发展，最终推动产业结构转型升级。同时，财政支出结构变化可以直接改变供给结构或通过改变产品需求结构影响生产中各资源的使用和产出，间接推动产业结构转型升级。

本书主要对上面提及的政府支出功能分类中各类支出对产业结构转型升级的作用机理进行分析。鉴于各类支出均是以政府购买、政府投资、财政补贴等财政支出形式支出，为了更清晰地呈现各项功能支出的作用机理，本书首先分析政府购买性支出和转移支付支出影响产业结构转型升级的机制，然后具体分析国家财政功能分类中的各项财政支出对产业结构转型升级的作用机理。

1．购买性支出与转移支付支出影响产业结构转型升级的传导机制

（1）购买性支出影响产业结构转型升级的传导机制。购买性支出可以通过需求，通过生产领域、流通领域和分配领域对产业结构产生影响。由于政府购买性支出直接构成社会有效需求，这里以购买性支出增加为例进行说明。购买性支出的增加会使需求曲线上移，其与不变的供给曲线相交于新的均衡点，新均衡点较原均衡点价格上升，产量加大，所需资本和劳动力也会增加。资本需求增加会进一步推动资本品厂商加大生产，社会的消费需求增加，会促使生产消费品厂商扩大生产。在各部分的相互刺激和推动下，产业结构就会发生变化。流通领域的影响也是通过需求实现的，政府雇员和军事人员的个人消费需求、私人部分的投资需求都离不开政府购买性支出创造的基础，加之政府购买性支出本身，整个商品流通市场没有政府购买性支出就难以形成。在分配领域，即使政府购买性支出总额不变，但只要购买产品或服务种类发生变化，就会使受益主体收益额产生变化，相应要素价格也会变化，从而带动产业结构发生变化。

购买性支出包括两方面，即消费性支出和投资支出，前者如行政管理支出、国防支出、科教文卫支出等，其影响产业结构转型升级的作用机理将会在后面各功能性支出中具体阐述，政府投资渗透在不同的功能支出项之中，除通过需求影响外，还可直接影响供给等因素，故此处单独进行说明。政府投资可以微利甚至不盈利，一般投资大型项目和长周期项目，主要投资基础性和公益性产业（王曙光等，2008）。一般而言，资金供给是影响产业结构转型升级最直接且最重要的因素之一。私人投资和政府投资是投资的两部分，结合我国以公有制为主体的经济体制和现阶段达到的经济发展水平，政府投资在社会总投资中的作用仍相当关键。一方面，政府投资的方向、规模与重点决定了各产业的发展水平与

速度，直接影响供给侧；同时，政府对于基础项目的投资可以为产业结构的顺利转型升级创造良好环境。另一方面，政府投资可以通过产业政策发挥投资导向作用，通过税收和财政补贴、折旧等政策来影响非政府投资的投资条件、投资方向、投资规模与投资结构，加之投资社会是有效需求的重要组成部分，故政府投资可以起到对产业结构转型升级进行调控的作用。

此外，需要对政府购买性支出的一种方式——政府采购对于产业结构转型升级的作用机理单独进行说明。政府采购，顾名思义就是国家各级政府为了从事日常的政务活动或为了满足公共服务的需求，利用国家财政性资金和政府借款购买货物、工程和服务的行为。政府采购制度是一项涉及采购政策、采购程序、采购过程及采购管理的制度。政府采购的主体是政府，因此政府采购体现了政府的意愿和政策，也是政府落实重大举措的有效手段之一。政府采购对产业结构的影响源自其直接构成市场需求，透过需求结构影响供给结构，甚至其可利用较为充足的资金创造一个类市场，通过需求对国家鼓励发展的行业提供战略性支持。例如，可以对行业技术创新，特别是技术投入生产这一环节产生推动作用，从而促进产业结构转型升级。又如，重点采购环保建材和资源综合利用产品等的"绿色采购"，可以激励企业开展技术改造，进行产品的换代升级，引导产业结构转型升级。并且，它还是财政支出管理的一个重要环节，完善的政府采购有利于提升社会资源的利用率，提高财政资金的使用效果，客观上可以提升财政支出的政策效果。

（2）转移支付支出影响产业结构转型升级的传导机制。虽然相比于购买性支出而言，转移支付支出并不增加经济总量，但它还是可以通过对于资金的重新分配在生产领域、流通领域对产业结构产生作用。个人的转移支付，如对个人的社会保障支出，可以通过新购买力的形成改变需求，进而影响供给。此处对个人的转移支付对生产的影响是间接的，对企业的转移支付则可直接促进生产的发展或遏制生产进行，进而影响产业结构转型升级。转移支付对流通领域的影响主要是通过财政转移性支出的大部分以各种途径直接或间接地转化为社会消费支出和企业投资支出，从而影响社会总需求来实现的。具体到转移支付支出所包含的三项内容——社会保障支出、财政补贴和税收支出，社会保障支出由若干具体支出项目组成，其对产业结构转型升级的作用将在后文财政功能性支出中进行阐述。税式支出大体包括税收豁免、税收抵免、优惠税率、税收递延等税收优惠，税式支出对产业结构转型升级的作用将在后文税收对产业结构转型升级的作用机理部分进行说明。财政补贴作为财政支出的具体形式之一，对产业结构转型有独特的作用机理，此处详细阐述。

财政补贴被定义为一种影响相对价格结构，从而可以改变资源配置结构、供给结构和需求结构的政府无偿支出。财政补贴从现象上看，是国家为了执行某些政策而给予生产者、经营者、消费者的特定补助和津贴。[①] 财政补贴通过价格机制影响需求结构、供给结构和非价格机制影响产业结构转型升级。具体来说，财政补贴对产业结构转型升级的作用机理主要体现在三方面。其一，财政补贴通过改变产品的价格和消费倾向改变产品的需求结构，进而影响产品的供给结构，带来产业结构的转型升级。其二，财政补贴可以通过改变价格机制直接影响企业的边际成本和边际收益，形成新的投资水平，进而影响企业的投资和盈利水平等供给侧内容，来影响产业结构转型升级。其三，财政补贴不通过价格机制传导，通过对特定的产业进行保护，尽可能地规避这些受补贴产业可能会面临的市场和自然双重风险，使其获得良好的发展环境。财政补贴对产业结构的实际作用效果与补贴的具体设计及补贴的对象、补贴方

---

① 财政补贴依据不同分类标准可以进行多种分类。例如，以再生产环节为标准，可分为生产补贴、流通补贴和消费补贴；以经济性质为标准，可分为价格补贴、财政贴息和企业亏损补贴等。

式、补贴标准等息息相关。

2. 财政支出功能分类下各类支出影响产业结构转型升级的作用机理

本书此处主要依据财政支出职能分类下具体支出项目内容，结合它们对于产业结构转型升级的作用，分为科技性支出、节能环保性支出、民生性支出、行政管理和国防支出、经济发展性支出五大类，分别对其进行具体说明。

（1）科技性支出对产业结构转型升级的作用机理。科技性支出具有极大正外部性，对企业创新能力提升和整体社会技术进步等都十分必要。科技进步直接带来劳动生产率的提升。因此，该类支出对产业结构转型升级，特别是高度化发展至关重要。科技支出多采用政府补贴手段，因此其主要通过财政补贴对产业结构转型升级作用机制来影响产业结构。可通过价格因素影响需求和供给侧的投资来促进产业结构高度化水平提升。对企业科研的直接补贴可以降低高新技术研发和开发的成本、减小私人部分的投资风险，技术研发和应用提供保障，推动产业结构转型升级。尤其对于重大的科研项目，其所承担的科研风险更大，财政也就更有必要给予支持，财政补贴效果也就更显著。此外，科技支出实际上对劳动力的就业结构也会产生影响（毕先萍、赵坚毅，2007）。例如，通过对农业的科技投入进行研究发现农业科技人力投入对农业劳动力的非农就业存在显著正向关系（李平等，2012）。然而，政府与微观企业之间存在信息不对称问题，有可能在实际操作层面，对本身已经高额投入研发资金的企业重复提供资金支持，或者有些企业会进行"战略创新"，并未形成实证创新效果，减弱财政支持对产业调整的激励效应。综上所述，笔者认为：科技支出主要影响产业结构高度化，理论上会对产业结构高度化产生积极影响,实践中的影响却具有不确定性。[1]

(2)节能环保性支出对产业结构转型升级的作用机理。节能环保类支出会通过需求和供给两方面对实现产业结构转型升级的"绿色"目标产生积极作用。节能环保支出既通过提升环境意识,树立绿色消费理念,催生绿色产品消费需求,拉动产业绿色转型升级(徐波,2004);也可以通过加强环保基础设施建设,补助企业节能环保支出,降低成本,激励产业结构转向"绿色"。但是这类支出对象指向性较为明确,即直接相关企业范围有限,同时考虑到其往往被学者归入产业结构高度化方面(陈访贤、徐充,2015;樊正强、李奇 2009;杨晓猛,2006),本书暂认为节能环保性支出可能对产业结构高度化产生并不显著的积极影响。

(3)民生性支出对产业结构转型升级的作用机理。民生性支出可以通过提供可靠的制度基础、拉动消费需求、影响劳动供给来促进产业结构转型升级(钱龙,2017;严成樑等2016;刘志忠,2012;陈冲2011;洪源,2009)。但这种影响间接且效果的显现需要时间,即随着时间的推移,效果逐渐加强。[2] 各项民生性支出的具体理论作用效果如下:[3]

教育是一项见效周期较长的事业,但是教育的基础作用和教育对创新等各方面的辐射效应很大。它可以直接影响地区的文化环境、增强就业意识并提升劳动力素质,进而带动产业结构转型升级。尤其教育支出

---

[1] 由于一项财政支出的实际作用效果会受到政策时滞、政策执行效率和其他多方面因素影响,最终的影响效果具有不确定性。

[2] 田华, 金卫键,朱柏青.财政社会保障和就业支出对农村居民消费的影响分析[J].统计与决策,2016(12):115-117.

[3] 由于学者对民生性支出包含的具体支出项的认识并未达成一致,本书采用我国财政部窄口径民生性支出包含项目,即与民生直接相关的5项支出,重点关注教育支出、社会保障和就业支出等。

对第三产业具有显著正向作用，有利于解决城镇化过程中和人口红利逐渐消失过程中就业和产业结构转型升级问题（董万好、刘兰娟，2012）。然而十年树木，百年树人，这种教育的正外部性的显现需要时间。此外，教育资源的不均等会使人才流动性较大。因此，笔者认为：教育支出对产业结构合理化与高度化的作用可能更偏向正向作用，教育的非均衡等因素增加了教育支出作用效果的非确定性。

社会保障和就业支出中的创业型就业支出和培训型就业支出都属积极性就业支出，对劳动者整体素质的提升产生了广泛影响[1]，从而通过产业结构供给侧因素影响产业结构转型升级。社会保障支出、医疗卫生支出和住房保障支出中相当一部分为社会保障类转移支付性支出，可通过增加人们生活中的基本保障，减少消费者预防动机，使在同等的收入水平下，用于消费部分的收入增加，使消费者的消费水平和消费质量均得到提升，带动需求结构的优化，进而带来产业结构的改变。但同时也应考虑到医疗不均等可能会降低资源配置效率，带来医疗支出与产业结构之间的不对称变化。因此，笔者认为社会保障和就业支出对产业结构转型升级的作用与教育支出的作用相似。

（4）行政管理与国防支出。这部分支出作为非生产性的社会消耗支出，应对其规模和增长速度进行严格控制。行政管理与国防支出的增减意味着政府干预市场的多寡和需要的财政收入的相应增减。一方面，政府的缺位和越位对于产业结构转型升级均是不利的。另一方面，财政收入的增减直接影响微观经济主体的税费负担，影响微观主体的生产成本。即便行政管理与国防支出的多少不会直接影响税收收入的增减，但是它的比重高低会直接影响政府其他财政支出的份额，也会通过企业对

---

① 社会保障和就业支出对就业具有双门限效应，随着经济发展水平的提高，正向促进作用越来越显著。这一结论来自邱荣燕，曹薇. 供给侧改革背景下财政社会保障支出对就业影响的非对称效应：基于面板门限回归模型的实证分析 [J]. 中国劳动关系学院学报，2017(2): 38-47.

税费负担的考虑，影响企业生产要素的选择，进而影响产业结构。此类支出对于产业结构的合理化与高度化的作用是间接的，并且作用方向并不能在理论上直接确定。

（5）经济发展性支出。经济发展性支出可以为产业结构的转型升级提供了良好的基础环境，但是其多寡也会对其他支出形成影响，因此不能确定经济发展性支出对产业结构合理化与高度化的作用方向。

三、税收政策的产业结构转型升级效应形成机理

税收对产业结构转型升级的影响主要通过引导与支出效应和收入与替代效应来发挥，既可影响需求方，也可影响供给侧。引导效应主要指税收政策通过税收优惠等方式明确政府的政策导向，通过倾斜性的税收政策来发展和抑制某些产业，发展和抑制不同地区的不同产业，以达到影响产业结构转型升级的目标。这一点可以通过税收政策的变化来体现，也可以通过支出来体现（罗富政、罗能生，2016）。税收的收入效应指税收增加或减少了经济主体可支配收入，使得其想要增加收入的效应；替代效应则指税收行为使经济主体为了寻求较轻税负而选择可替代经济活动。收入和替代效应对供需的影响如下：收入效应对生产者来说，就是税收政策通过影响企业可支配收入的多寡直接改变厂商生产行为；对消费者来说，则是通过改变其可支配收入水平，通过对消费需求的改变，最终影响供给结构。替代效应方面，税收对于企业来说是成本的一部分，税收政策通过对税种、税目、税率的调整，可以影响企业对于生产投入和产出的选择，影响企业的生产决策，企业的生产决策直接带来产业结构的变化。对消费者而言，税收政策会改变产品的相对价格，由此影响消费需求，进而带动供给结构变化，影响产业结构转型升级。此外需注意，引导效应是普遍存在和适用的。但不同的征税方式和不同性质的税种，对于税收政策变化带来的收入效应和替代效应的反应程度是不同的。

（一）对某行业的普遍征税影响产业结构转型升级的机制

此处，笔者以完全竞争市场存在为讨论前提，并假定产品市场价格可浮动并且需求弹性。现实中，鲜有税收仅针对某个企业作出税收规定，调节产业结构的税收政策中征税对象往往是整个行业，这将最终导致市场均衡价格和均衡产量都发生变化，如图 1-1 所示。

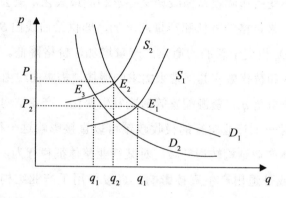

图 1-1　对整个行业征税的效应分析图

在图 1-1 中，最初需求曲线 D_1 与供给曲线 S_1 相交于均衡点 E_1，形成均衡价格 p_1 和均衡产量 q_1。当政府对整个行业征税的时候，无论是流转税还是所得税，都会导致该行业生产产品的边际成本增加（流转税税负也不可能完全转嫁）。此时为追求利润最大化，遵循企业最优生产选择等式，边际成本等于边际收益，上移的边际成本曲线与不变的边际收益曲线相交，产量减少。这也就意味着在图 1-1 中，供给曲线由 S_1 移至 S_2，与需求曲线 D_1 重新相交于新的均衡点 E_2。新形成的均衡价格 $p_2 > p_1$，均衡产量 $q_2 < q_1$。

短期内，由于整个行业的产品价格都提高了，那么对消费者而言，就会同时出现收入和替代效应。此处以正常品为讨论前提。该产业的产品价格普遍升高，收入效应会使消费者的可支配收入减少，从而减少对该产业产品的购买；替代效应会使消费者因相对价格变化而在一定程度上减少对该产业产品的需求。两者共同作用造成需求减少，促使需求曲线由 D_1 下降至 D_2，与供给曲线 S_2 相较于新的均衡点 E_3，带来更低的产量 q_3。这会带来厂商的减产和行业的退出，产业结构发生改变。

反之，当一个产业的起初需求曲线为 D_2，供给曲线为 S_2，均衡点位于 E_3。无论是流转税还是所得税，对该行业税收优惠会降低边际生产成本，与不变的边际收益曲线相交寻求利润最大化，就会使边际成本曲线下移，带来价格的降低和产量的增加，即供给曲线由 S_2 增加至 S_1，与需求曲线 D_2 相交于新的均衡点，产量增加，价格降低。短期内对消费者，由收入和替代效应共同带来需求的增加，需求曲线由 D_2 移至 D_1，进一步扩大产量至 q_1，资源配置等情况发生变化，产业结构随之改变。

总之，对一个行业实行的税收政策可以直接影响这个行业的兴衰，进而影响整体产业结构转型升级。对某行业整体征税行为，对该行业中厂商的生产或是退出产生直接影响，直接作用于产业结构；对消费者则需要通过需求结构这一中间变量间接影响供给结构，从而加固该行业企业的经济行为，从而加速一个产业的发展抑或消亡。并且，由以上分析可知，税负在一定程度上可以看做税收优惠的反面，两者有着天然的联系。

（二）商品税影响产业结构转型升级的机制

对某种产品征税产生的效应既可以体现在企业的内部，也可以体现在不同的企业之间，原理相同。假设企业生产 A、B 两种产品，政府选择对商品 A 进行征税，此时会从生产者和消费者两方面对产业结构产生影响。首先看生产方面的直接影响。当产品 A 成为征税对象后，那么理性生产者必然会因为 A 的生产成本的增加而减少对 A 的生产，增加对 B 的生产，这是征税的总效应。它又是由收入效应和替代效应共同作用产生的。收入效应表明生产者会因为可支配收入的减少而减少对于 A 的生产，替代效应则是生产者会因 A、B 两种产品相对价格发生变化，减少对被征税产品 A 的生产。两种效应的大小则主要由产品的生产价格弹性决定。也就是说，企业各产品的生产决策因为税收政策而变化，产品的结构因此而改变。

　　因流转税的税负可以转嫁给消费者，且生产商往往会将税负转嫁给消费者下面。下面仍以正常品为前提讨论，商品税通过消费者对产业结构的影响。以图 1-2 为例，横、纵坐标分别表示商品 A 和 B 的产量。U_1 和 U_2 表示消费者的无差异曲线，MN 为消费者最初预算约束线，两者相切于 E_1，此处为消费者最优状态。此时，消费者的最佳消费组合为 A_1 单位商品 A 与 B_1 单位商品 B。当对商品 A 征税后，消费者的预算约束线降低至 MD，与无差异曲线 U_2 相切于新的均衡点 E_2，形成新消费组合为（A_2，B_2）。商品税的征收使得消费者对商品 A 的选择从 A_1 减至 A_2，对商品 B 的选择从 B_1 增至 B_2。这种总的效应又可以分为收入和替代效应。

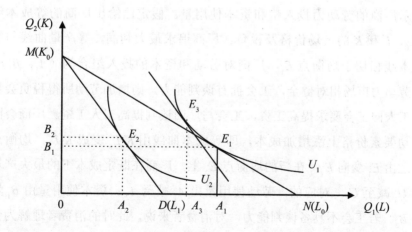

图 1-2　对产品征税的效应分析图

　　如图 1-2 所示，平行于 MD 且相切于无差异曲线 U_1 于点 E_3 的直线为补偿预算线，此时 E_3 对应的产量为 A_3，A_1 到 A_3 为替代效应，A_3 到 A_2 为收入效应。具体到两者的大小及收入效应的正反，则由商品的需求价格弹性、交叉价格弹性和收入价格弹性而定。由此可见，政府征税行为改变了消费者行为选择，消费者选择的改变，即需求结构的变化会对厂商的行为决策产生影响，厂商的行为决策发生变化带来产业结构改变。商品税收优惠对产业结构的影响机制相同。这里可以直接将商品 B 看做享受税收优惠商品，可见税收优惠对商品 B 的增产结果。

（三）所得税影响产业结构转型升级的机制

考虑对所得征税主要指对劳动所得和资本所得征税。因此，所得税主要有企业所得税（资本所得）和个人所得税（劳动报酬所得）。资本和劳动是厂商生产投入的基本生产要素，两者相对价格及边际生产率决定了两者的资源配置。假设政府改变其中一种要素所得的税负水平，就会改变资本与劳动两者相对价格，进而会影响厂商对两者的使用状况。

仍以图 1-2 为例，假定增加劳动所得税负。图中横轴与纵轴分别表示厂商的劳动力投入量和资本使用量。假定已给出厂商的等成本线 KL_0、L 和 K 的市场价格及税负。厂商追求最大利润，等产量曲线与等成本线相切于均衡点 E_1，厂商对劳动和资本的投入组合为（A_1，B_1）。若劳动力市场相对健全，工会拥有谈判能力，则增加劳动所得税负会导致工人向工会要求提高工资，工会与厂商谈判提高工人工资。厂商会因劳动要素价格上涨增加成本，即等成本曲线由 K_0L_0 变成 K_0L_1。均衡点随之由 E_1 变向 E_2，在新的均衡点 E_2 上，厂商在既定成本下的最大产量由 U_1 减至 U_2。对应的，劳动使用量由 A_1 减至 A_2；资本使用量由 B_1 增至 B_2。若工会不具备谈判能力，对消费者来说，此时的消费者理解为劳动力市场上的供给者，提高劳动税负则会对劳动供给方产生收入和替代效应。收入效应下劳动者会增加工作热情，希望所得不减少，劳动供给量增加；替代效应下则是闲暇机会成本减少，带来劳动者对于闲暇的多消费，劳动供给减少。劳动力的供需变化带来劳动力价格变化，反过来又会影响厂商的投入要素等生产决策，进而影响产业结构转型升级。

由此可知，如果对上述两项生产要素同时进行课税且提高一方税负，会促使厂商用另一要素去替代提高税负的要素。通过要素投入的改变影响企业的技术升级与改造，进而影响产业结构转型升级。同理也可以得到所得税优惠对产业结构的影响。

综上可知，第一、三次产业都涉及商品税和所得税：流转税的税负较易转嫁，主要通过课税带来的消费者的收入效应和替代效应，对产业结构转型升级产生间接影响，间接性体现在通过需求结构影响供给结构；所得税税负转嫁能力较弱，主要通过企业的收入效应和替代效应对产业结构转型升级产生直接影响，直接性体现在直接影响产业结构转型升级的供给侧因素。第二，税负影响产业结构转型升级，但是具体到转型升级的两个方面，即产业结构合理化与高度化方面，则影响方向并不能直接确定。例如，宏观税负对产业结构合理化程度的影响可能存在倒逼机制，但超过最优税负又会损害经济效率。具体到商品税和所得税税负和三次产业税负，则要具体看不同产业的具体发展阶段，看其对于要素的依赖程度及对税负的反应程度，这可能要通过实证分析才能进行解答，并且税负的高低对于产业结构转型升级的影响，还要考虑其是财政支出资金来源保障。

第四节　财政政策的产业结构转型升级效应的相关影响因素

财政政策的产业结构转型升级效应其他相关影响因素的分析可以借鉴影响产业结构转型升级因素分析思路，从供给、需求和外部环境三方面进行分析，并且可进行如下理解：供给和需求是财政政策影响产业结构转型升级的作用点，外部环境则为财政政策影响产业结构转型升级应考虑到的起到制约作用的客观条件。财政政策主要通过影响产业结构转型升级的供给、需求和环境因素来发挥对产业结构转型升级的促进作用（逻辑图见附录）。

一、供给侧因素

供给因素主要从资源禀赋的角度进行分析，主要包括劳动、资本和技术等资源要素。财政政策可以通过影响劳动、资本和技术等资源要素供给与配置来影响产业结构的调整转型升级（陈新华，1990；蔡建明，2006）。

首先考虑劳动因素。劳动力的数量、质量与产业结构的匹配程度很大程度上决定着产业结构转型升级效率。劳动力的数量主要通过价格机制影响生产成本，从而影响产业结构转型升级。财政政策可以促进该要素在产业间及产业内部更为合理的流动。财政支出和税收政策均可以改变劳动力的价格。以我国为例，针对劳动力的财政补贴和税收优惠均可以降低劳动力的边际成本，进而影响厂商决策，影响产业结构转型升级。劳动力质量的体现——人力资本可以通过积聚功能和效率功能影响产业结构转型升级。积聚功能指人力资本存量的增加会产生要素集聚现象，即人力资本存量高的产业部门和地区对其他资源具有引力作用，这种引力作用促使生产要素在产业间流动和重新配置，促使产业结构转型升级，使其更加合理化。效率功能则指人力资本作为技术进步载体，可通过"干中学"和知识外溢诱发技术创新（冉茂盛、毛战宾，2008）。具体到三次产业，由于产业的异质性，人力资本对它们的影响也存在差异。人力资本对于以劳动密集型为主要特征的第一产业，影响较小，但随着其科技含量不断提升，影响会逐渐加大。目前而言，人力资本对于以资本密集型和技术密集型为主要特征的第二产业的影响大于其对第一产业影响。其对第三产业的影响程度取决于第三产业的内部结构，如果第三产业以知识密集型产业为主，则人力资本影响程度大，反之则较小。一般认为，人力资本对第三产业的影响整体上大于对第一产业的影响（张国强等，2011）。财政对人力资本的作用也是显而易见的，可以通过教育支出、社会保障和就业支出、科技支出等支出项目直接提升人力资本水平。通过针对高人力资本水平的税收优惠可以促进人力资本的自由流动和实现更为合理的配置，进而影响产业结构。

其次考虑资本因素。此处的资本理解为物质资本，是企业经营活动的基本要素之一，是企业创建、生存和发展的必要条件。资本对于产业结构的影响显而易见，如果新的产业或是消费者新的需求有存量资本作支撑，那么一个新的产业就会诞生，产业结构就会发生变化；如果部分产业资本增加，则该部分产业发展会受到影响，产业结构也随之发生变化；如果资本并无变化，但资本在不同产业间比例结构发生变化，也会带来产业结构的变化。

资本按其来源主体分为国内资本和国外资本，国内资本又可以分为政府资本和非政府资本。国外资本在进行资金投入的同时，还会带来管理方法和技术，进一步带动产业向高度化发展。政府可以通过税收优惠政策来吸引国外资本流入。政府资本则既可以通过非价格机制引导其他资本流动，也可以通过价格机制改变资本相对价格，形成新的非政府资本，来促进产业结构转型升级。此外，资本还可以与劳动力进行有机结合，对产业结构产生影响。部分学者（于泽、徐沛东，2014；Acemoglu & Guerrieri，2008）从资本深化的角度对其与产业结构转型升级之间的关系进行分析。他们认为资本的深化会促使产业结构从资本密集型部门转为劳动密集型部门。现阶段，以第一产业劳动密集型产业为主的第一产业部门份额极小，资本的深化过程中，第三产业中劳动密集型产业会因资本流入而得到发展。资本和劳动力之间的关系也可以通过两者的价格影响产业结构。当工资（劳动力价格）较低，而股息、股利（资本价格）较高时，劳动密集型产业可以得到更好的发展。

另外，土地这一投入要素也主要是通过价格机制影响生产成本，从而影响产业结构转型升级的。土地的所有权和使用权的归属会使影响机制稍有不同。例如，我国土地的所有权归国家和集体所有，以出让使用权的方式让渡给工业用地和商业用地。出让的价格会通过价格机制影响产业发展，出让土地的用途会通过引导方式影响产业发展。

本书将本身的资本存量纳入产业结构合理化和高度化测度指标体系当中，而资本增量则可以通过财政支出政策中的投资性支出和税收对资本的税负进行调整，政府的贴息优惠等也都会影响产业结构转型升级。

最后考虑技术因素。技术进步对于产业结构转型升级的作用极为重要，特别是对于产业结构的高度化发展，技术进步更是关键所在。众多学者对技术进步与产业结构转型升级之间的相关关系作了实证研究。技术进步可以通过提高劳动生产率和全要素生产率来提升产出效率，提升整个产业结构的合理化和高度化水平。政府对科研的投入力度越大，越有利于科技进步与产业结构优化（Feldman & Kelley，2006）。技术进步也可以通过改变需求结构影响产业结构。人们对于技术进步的消费似乎是不符合边际效用递减规律的，科学技术的进步会促使更多的新兴产品的出现，促进消费加速升级，从而通过需求结构反过来作用于产业结构。一个国家或一个地区在科技方面的投入（包括支出和税收优惠）等都会直接或间接地影响到技术进步，进而影响产业结构转型升级。

二、需求侧因素

需求对于产业结构转型升级至关重要。当一个国家或一个地区的需求空间有限时会抑制技术创新能力形成，停滞经济增长，最终锁定产业结构（孙军，2008）。需求对于产业结构转型升级的作用可以从总量和结构两方面进行分析。在总量方面，需求的多寡直接影响产业结构规模大小，从而影响产业结构转型升级。需求因素包括消费需求、投资需求和国外需求三个方面。财政收支均可以通过相机抉择和自动稳定器的选择来调节社会有效需求，进而通过需求的改变影响供给，最终影响产业结构转型升级。首先，消费需求对于产业结构转型升级的影响的总量效应体现在依据凯恩斯有效需求理论，消费需求对国民经济至关重要，经济发展又会影响产业发展。在结构方面，消费结构变化可以改变供给结构，即通过消费需求结构改变产品结构，进而影响产业结构转型升级。但消费需求对于产业结构的影响要通过市场信号的不断传递得以实现，因此它的影响方式相对于投资更为间接。依据凯恩斯主义的有效需求理论，政府可以通过财政支出和税收对消费需求进行调节。

投资需求则是从需求的角度看资本的影响，供给中的需求主要为存量资本，而投资需求考虑的是增量。政府投资可以起到引导作用，同时影响需求和供给两方面。政府投资直接形成社会有效需求，从而通过需求的改变作用于供给侧。非政府投资的需求受市场和包含政府投资在内的政策变动影响，并且外商投资还可能会在一定程度上促进技术进步。

国外需求实质上是一种贸易状况的体现，体现在一个国家或一个地区的出口上或者说体现在国外对于该国或该地区的进口需求上。一个国家或一个地区的出口主要是通过国外市场消费需求影响本国或本地区的出口产品结构，进而影响本国或本地区的产业结构。一个国家或一个地区可以依据其税制，通过税收政策（关税）进行进出口产品的调节。而这种调节会通过出口商品需求影响出口国或出口地区的产业结构。①

三、外部环境因素

经济发展水平、经济体制、中长期的发展战略和当年的经济政策等经济因素及城镇化、就业、医疗卫生等社会因素都会影响财政收支规模

---

① 出口商品结构，即不同类别商品在出口总额中所占比重，在一定程度上反映了出口国资源、产业结构和经济技术发展水平。详细说明见张寿连在《宏观经济研究》1986 年 8 月文章《对我国出口商品结构的评价和改进设想》。

和结构，影响财政支出和税收对产业结构转型升级的作用。一般认为，经济发展水平、市场化程度、金融发展水平及城镇化水平的提高都有利于增强财政政策在促进产业结构转型升级方面的作用。

经济发展水平既影响财政政策的制定，又影响产业结构转型升级。经济发展水平可以通过作用于需求影响产业结构。经济发展水平在一定程度上可通过市场化水平这一指标进行测度。市场是经济发展的决定因素。财政政策介入产业结构转型升级的理论基础之一就是市场失灵。也就是在市场机制有效的方面就应该发挥市场在资源配置中的核心作用（林毅夫，2012）。但是，当市场机制严重缺失时，政府的政策干预也难以发挥作用（韩永辉等，2017；青木昌彦，1998；Chalmers & Johnson，1982）。与经济发展水平和经济体制等因素存在密切联系的城镇化进程具有积聚效应。人口和生产要素在城镇化进程中发生积聚，这有利于第三产业发展和经济增长，经济的增长本身又要求第二产业和第三产业的发展，也就是说，城镇化会带动产业结构转型升级。

金融发展是产业结构升级的原因之一（王云芳、马莉，2018），其作用的传递过程为"金融结构—投资、储蓄—资金流量结构—生产要素分配结构—资金存量结构—产业结构。经济金融化程度越高，上述传递机制作用效果就会越明显"（伍海华等，2004）。金融主要通过产业资本的形成转化机制、产业资本的流动导向机制和产业资本的信用催化机制来影响产业结构调整。产业资本的形成转化机制主要是将分散的储蓄集中形成资本，进而转化为投资；产业资本的流动导向机制是指资本流向鼓励发展的产业，需要商业性金融和政策性金融的共同作用；产业信用催化机制实质上是利用资金乘数效应，通过信用创造促进资本的加速形成和资源的有效利用。总之，金融通过银行信贷和资本市场，发挥三种作用机制影响资本量和金融要素，促使衰退产业退出、促进新兴产业发展，以此来促进产业结构转型升级。

此外，一切公共政策的制定和实施效果很大程度上取决于政府效率。没有政府效率的保障，政策的制定和实施效果都会大打折扣，甚至由于时滞等，出现政府失灵。目前，有学者将地区人均一般公共服务支出作为政府效率的衡量指标，也有学者将政府公共服务、政府规模和居民经济福利等作为政府效率的衡量指标。影响政府效率的因素会间接地影响产业结构转型升级，如大政府与小政府的选择问题、政府财政分权问题等，本书对于这部分内容不做深入探讨。

第二章　我国产业结构与财政政策的演变路径与现状分析

改革开放以来，我国国民经济得到了很大发展，我国的产业结构也随之发生了一系列意义深远的变化。此处以三次产业分类法为基础，这个变化过程中我国三次产业变动趋势符合产业结构演变的一般规律，合理化和高度化水平均有所提高。宏观经济政策，特别是相关的财政政策对产业结构演变的影响日益凸显。整理并思考我国产业结构的历史变迁和财政政策发展变化过程，并进一步发掘两者间的关联性，对理清历史脉络、发现现有影响产业结构转型升级的财政政策存在的问题并探究其中的原因至关重要。

第一节　改革开放至今我国产业结构与财政政策的变迁

一、改革开放初期（1978—1991 年）

（一）侧重农业和轻、重工业产业结构比例调整

"农业比重偏高、工业结构畸形、第三产业落后"这种不合理的产业结构是我国自中华人民共和国成立到其后 30 多年间产业结构长期所处状态。20 世纪 70 年代后期经济上的急于求成使固定资产投资迅速膨胀、产业供需矛盾突出。以至于 1978 年改革开放的伊始年，产业结构失衡问题已较为严重：农轻重比例关系失调，第三产业发展受阻。

我国于 1979 年开始了改革开放后第一次产业结构调整，以该年 4 月中央经济工作会议中"调整、改革、整顿、提高""八字方针"的提出为标志。紧接着我国又于 1985 年、1987 年两次进行调整。20 世纪 80 年代前期，政府主要针对农业和轻、重工业产业结构比例进行调整，更侧重对产业结构的合理化调整。我国分别通过改革农村经济体制和制定轻纺工业优先发展政策，推动农业和轻工业发展，通过限制加工工业

和加强基础设施和基础产业发展对重工业进行调整。中后期则实行产业倾斜政策来进行调整，重点发展能源和交通等基础产业。与此同时，我国开始关注产业结构高度化转型升级，明确提出了"有重点地开发知识密集和技术密集产品，努力开拓新生产领域，有计划地促进新兴产业的形成和发展"，"运用新技术改造传统产业"。

以上的产业结构调整带来了这一阶段三次产业结构变化，本书结合表2-1，先从产值和就业角度进行整体分析。[①]

首先从三次产业的产值来看，第一产业比例呈现先上升后下降趋势。改革开放前夕，我国第一产业的产值比重从 1978 年的 27.7% 升至 1982 年的 32.8%，之后便开始下降，降至 1991 年的约 24.0%。这一先升后降的变化很可能与当时家庭联产承包责任制在全国的推行有关，该制度改革对农业生产力的极大释放和制度性释放劳动生产率的一次性特征与第一产业产值变化趋势一致。第二产业增加值占比较平稳地维持在 40% 至 50% 区间，伴有小幅下降（从 1978 年的 47.7% 降至 1991 年的 41.5%），其始终在 GDP 结构中占据重要的地位。第三产业产值比重上升，尤其从 1983 年开始上升趋势明显。1985 年，第三产业产值比重虽仍低于第二产业，但超过了第一产业，其在国民经济中的作用愈发重要。

其次从就业来看，就业结构的变动趋势与产业结构的变动趋势大体一致。第一产业的劳动力占比呈下降趋势，1991 年该比值已降至 60% 之下；与之相对的，第二产业就业人员比例从 1978 年的 17.3% 上升至 1988 年的 22.37%（之后略有下降，1991 年为 21.40%）；第三产业就业占比从 1978 年的 12.18% 持续增至 1991 年的 18.90%。但具体到劳动

---

① 本书第一章第二节中使用产业结构合理化与高度化测度指标，可计算出产业结构转型升级水平。但由于本书配合指标体系的数据起始年份，仅估算了 2004 年之后的资本存量，此处从产值和就业角度进行分析。

力人均产出时则可看到问题。第一产业在 GDP 结构中所做的贡献和其吸纳的劳动力数量不成比例（表 2-1），这正是资源配置说下产业结构不合理的体现。纵使考虑到第一产业劳动力的生产率相对较低，人均劳动生产率低于第二、三产业，第一产业产出和要素投入之间的耦合度仍旧很不好。此外，这个阶段第三产业对劳动力的吸纳能力有限，劳动生产率也低于第二产业。

表 2-1　1978—1991 年我国三次产业产值和就业结构

年　份	总　值	三次产业产值比重			三次产业就业比重		
		第一产业	第二产业	第三产业	第一产业	第二产业	第三产业
1978	100	27.7	47.7	24.6	70.52	17.30	12.18
1979	100	30.7	47.0	22.3	69.80	17.58	12.62
1980	100	29.6	48.1	22.3	68.75	18.19	13.06
1981	100	31.3	46.0	22.7	68.10	18.30	13.60
1982	100	32.8	44.6	22.6	68.13	18.43	13.45
1983	100	32.6	44.2	23.2	67.08	18.69	14.23
1984	100	31.5	42.9	25.5	64.05	19.90	16.06
1985	100	27.9	42.7	29.4	62.42	20.82	16.76
1986	100	26.6	43.5	29.8	60.95	21.87	17.18
1987	100	26.3	43.3	30.4	59.98	22.22	17.80
1988	100	25.2	43.5	31.2	59.35	22.37	18.28
1989	100	24.6	42.5	32.9	60.05	21.64	18.31
1990	100	26.6	41.0	32.4	60.10	21.40	18.50
1991	100	24.0	41.5	34.5	59.70	21.40	18.90

资料来源：依据国家统计局官方网站数据整理得到。

具体到三次产业各自的内部结构来看。第一产业内部的农、林、牧、渔四个方面，它们的结构变动基本上是需求结构转变带动生产结构转变的结果。其一，农业内部结构方面，传统农业向现代农业转变的趋势增强，种植结构持续优化。农业中的种植业的产值在改革开放前占有绝对优势，1978 年在第一产业中比重高达 80%，之后虽然呈现连年下降趋势，但截至 1991 年种植业产值占第一产业的比重仍为 63.1%。其二，牧业和渔业发展迅速，牧业占第一产业的比重从 15% 提升到 26.5%，渔业则从 1.6% 提升到 5.9%。这和经济发展水平提升对消费需求的改善和改革开放对出口需求的刺激密切相关。此外，国家放开对农产品价格管制也对此产生了影响。国家对于农业发展的大力支持直接带来了第一产业生产率的稳步提升。

第二产业内部，轻纺工业和耐用消费品工业的快速发展使得轻重工业比例得到改善。轻工业产值占工业总产值的比重持续上升，1985 年该比例已高于 45%。重工业中为农业和消费品工业服务的机械工业也在对重工业的调整和改造中得到较快发展。20 世纪 80 年代中后期，轻、重工业保持基本平衡的发展态势。

第三产业在改革开放前并非重点发展部门。因此，我国对于第三产业的投入相对较少，计划经济下形成的封闭式生产、服务和管理模式制约着第三产业发展（周良军，2004）。1983 年，我国第三产业在以经济发展为中心的指导下开始得到发展。第三产业初期的发展主要集中在商业、饮食、居民服务、交通运输、邮电等传统服务产业领域。

（二）改革开放初期被动频繁"松紧"变化的财政政策

自改革开放至 1992 年，我国政府在经济管理中虽意识到市场机制的调控作用，开始实行有计划的商品经济体制，但仍旧主要以计划进行管理（刘克崮、贾康，2008），我国财政实行计划经济的"区别对待"（冯海波，2003）。财政政策变迁显示出收入的路径依赖特征，并且整体的

调整较为频繁、波动较大。这一阶段财政政策的变动情况通过图 2-1 中
1978—1991 年一般公共预算支出数据变化也可得到体现。

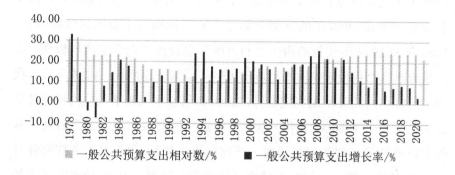

图 2-1　我国 1978—2020 年一般公共预算支出波动图

（资料来源：2022 年《中国统计年鉴》）

1979—1981 年我国财政政策相对较紧。由图 2-1 可知，这一阶段
支出增长率骤降，降为负值，财政支出规模的相对值在 1979 年后开始
持续走低。我国支出多以投资方式投向基础工程，并大批进口机械设
备，经济在短暂发展后出现赤字、通货膨胀和贸易逆差等结构问题。于
是 1979 年我国提出了"八字方针"，开始推行较紧的财政政策和货币
政策。较紧的财政政策主要包含以下几点：其一，控制基建规模及对其
的投资需求，将基建投资规模增长速度控制在每年 10% ～ 15%；其二，
控制消费需求，压缩开支项，实行计划管理，限额控制；其三，适当增
加对农业、轻工业的投资，增加农产品和日用品供给，解决供需矛盾。
同时，通过发行国库券筹集财政资金，通过"分灶吃饭"提高地方增加
财政收入积极性。这种以强制性直接调控为主的宏观调控短期内收效明
显，但也付出了代价，1981 年出现了中国改革开放后第一个经济低谷
（刘克崮、贾康，2008）。此时财政政策并未转为扩张，而是继续执行
"八字方针"，重点关注采掘业、原材料工业和加工工业，努力寻求产业
结构平衡。

1982—1988 年，我国财政政策依经济形势频繁在"松""紧"之间变动，这一点从图 2-1 中 1982—1988 年 6 年间一般公共预算支出增长率 3 次较大幅度升降便可看出。1982 年 9 月提出的到 2000 年我国工农业总产值在 1980 年的基础上翻两番的目标加速了我国的经济增长。1983 年和 1984 年实行的两步"利改税"也提升了企业生产积极性，加之该阶段宽松货币政策的提出，国民生产总值快速增长。1984 年底，我国的信贷和财政显示出失控态势，物价和利息率大幅增长。为抑制经济过热，国家于 1985 年下半年推行"双紧"的财政政策和货币政策。紧缩的财政政策表现为积极增收、严控支出。然而，"双紧"在抑制经济过热的同时也在一定程度上导致经济衰退。于是，1986 年政府又增加货币供给，1987 年 10 月提出"三步走"经济发展战略并扩大投资和放松信贷管制刺激经济，结果总需求又过度膨胀，政府又开始实行紧缩政策。

1988 年 9 月至 1989 年 2 月，我国经济又开始出现"涨价—抢购—再涨价"的恶性循环，通胀严重；基础设施、原材料和加工工业需求远大于供给，于是进出口失衡，外汇大量流失。国民经济总量和结构失衡问题日益突出。1989 年，国家实施"双紧"政策，财政上增收节支，有效抑制经济过热和恶性通胀。财政政策主要如下：其一，压缩投资需求，坚决执行紧缩的财政信贷，并控制消费需求。其二，整顿财税秩序，加强依法治税。例如，调整预算外基建投资，1989 年先后对国家预算外资金征收预算外资金调节基金；开征建筑税和特别消费税；重庆开始进行税利分流试点，这也有利于国家与企业间关系的调节。其三，调整支出结构，如基本建设投资重点投向能源、交通、通讯、原材料等产业，各级财政支出向农业、教育和科技倾斜。

二、市场经济建立与市场化改革加速期（1992—2003 年）

（一）以"一降、二稳、三升"为特征的三次产业结构

1992 年的邓小平的"南巡讲话"为社会主义市场经济发展奠定了理论基础，进而带来了经济的高涨。于是，国家出台了《关于当前经济情况和加强宏观调控的意见》，成功实现经济"软着陆"。之后受 1997 年亚洲金融危机冲击，在国际经济环境急剧变化和国内市场约束的双重因素作用下，我国长期存在的产业结构不合理等深层次矛盾显现。

这个阶段的三次产业产值和就业变化见表 2-2。这个阶段第一产业的产值比重持续下降，2003 年已降至 12.30%，不再是改革初期的 20% 上下，这与该阶段工业和服务业得到较大发展有关。第二产业产值依旧有升有降，但平稳维持在 43% ～ 48% 之间，工业所占比例仍旧维持第一位。第三产业产值比重则在 1993—1996 年出现短期小幅下降后持续上升，至 2002 年达到 42.20%，2003 年下降。第三产业 2002 年前的发展主要得益于"九五"期间（1996—2000 年）国家对农林水利、交通通信、城市基础设施、城乡电网建设与改造、中央直属储备粮库和经济适用房等方面的重点建设，因为其中多数方面属于第三产业（肖萍，2008）。此外，第三产业固定资产投资的增长也为第三产业的进一步发展打下了良好基础。这一阶段的就业比重状况则延续了上一个阶段的特征，第一产业就业比重持续下降，降至 50% 以下；第二产业就业比重稳定维持在 22% 左右；第三产业的就业比重稳步提升，2003 年接近 30%。这在一定程度上说明产业结构合理化水平不断提高。

表 2-2　1992—2003 年我国三次产业产值和就业结构

年　份	总　值	三次产业产值比重			三次产业就业比重		
		第一产业	第二产业	第三产业	第一产业	第二产业	第三产业
1992	100	21.3	43.1	35.6	58.50	21.70	19.80
1993	100	19.3	46.2	34.5	56.40	22.40	21.20
1994	100	19.5	46.2	34.4	54.30	22.70	23.00
1995	100	19.6	46.8	33.7	52.20	23.00	24.80
1996	100	19.3	47.1	33.6	50.50	23.50	26.00
1997	100	17.9	47.1	35.0	49.90	23.70	26.40
1998	100	17.2	45.8	37.0	49.80	23.50	26.70
1999	100	16.1	45.4	38.6	50.10	23.00	26.90
2000	100	14.7	45.5	39.8	50.00	22.50	27.50
2001	100	14.0	44.8	41.2	50.00	22.30	27.70
2002	100	13.3	44.5	42.2	50.00	21.40	28.60
2003	100	12.3	45.6	42.0	49.10	21.60	29.30

资料来源：依据国家统计局官方网站数据整理得到。

　　具体到三次产业内部结构，这一阶段第一产业的内部结构转换力度明显减弱。2000 年后，种植业产值比重进一步下降，牧业产值比重则有所上升，渔业产值比重变化微小。

　　第二产业的有机组成部分工业从 1992 年开始迅速发展，轻、重工业在工业总产值中的比重基本保持稳定。伴随着机电产业在居民消费需求的带动下快速发展和基础工业基础投资建设拉动下获得发展，重工业比重又出现回升，继 1998 年重工业增加值占工业增加值的比重达 50% 以上，重工业又一次成为工业发展的主导产业。

在这一阶段，第三产业除传统服务业之外的一些朝阳产业也发展较快，如信息、旅游、金融保险、房地产和文化等产业，由此带来第三产业内部增加值构成的变化。邮电通信业、社会服务业、科学研究和综合技术服务业、卫生体育和社会福利等新兴服务业占比上升，传统服务业（如交通运输、餐饮等）占比大幅下降。总体上来看，这一阶段第三产业发展平稳，内部结构向好，但是整体发展仍相对缓慢。

（二）市场经济建立和市场化改革加速时期主动应变的财政政策

1992—1997 年为市场化建立初期，我国实行"适度从紧"的财政政策，"适度"即有进有退，有发展有压缩，适时进行结构调整。这一阶段，我国的财政政策因其体制的根本性变化发生了质的改变。1992 年"南巡讲话"促使我国经济新一轮热潮开始，通胀出现。如图 2-1 所示，在财政支出增长率仍居高位的情况下，财政支出相对规模却下降，这正是国内生产总值激增的结果。1993 年，我国提出了十六条宏观调控措施，对经济进行了真正意义上的宏观调控。物价迅猛上涨是当时经济过热最典型的表现，于是我国于 1994 年开始实行分税制财政管理体制，以期结合其他宏观经济体制改革，从根本上解决中国经济周期波动和政策变动问题。这一阶段我国全面推行企业税利分流，控制支出规模、压缩财政赤字，加之严格把控投资规模和重点投向，1996 年我国经济成功实现"软着陆"，全国商品零售价格涨幅回落到 6.1%，经济保持了 9.6% 的增速（刘克崮、贾康，2009）。这也是中华人民共和国成立后第一次成功实现经济的"软着陆"（贾康、赵全厚，2008）。

然而，发生在 1997 年下半年的东南亚经济危机导致我国国内市场出现问题——需求疲软、供给过剩。总需求不足成了经济发展缓慢的主要原因，我国长期存在的产业结构不合理等深层次矛盾更加显现。为此，1998 年年初我国开始推行积极的财政政策，此处积极的财政政策并不完全等同于扩张性财政政策，它要求兼顾总量和结构。一方面追求总量平衡，一方面结构上重点倾斜，如对基础产业、支柱产业和瓶颈产业实行倾斜政策，挖掘财政产业调整和发展功能。这也就是说，从 1998 年推行积极的财政政策开始，我国的财政政策才开始明确产业结构调整目标。主要措施有增发国债，投资公路、铁路、机场、粮库、农村电网和水利设施等基础设施；通过税收优惠吸引外资，鼓励出口；增加政府消费，通过补助形式增加社会福利，通过税收返还等组建电力、电信等大型企业等。此外，财政还拨付了抗洪救灾和灾后恢复重建经费。

三、科学发展时期（2004—2008 年）

（一）科学发展时期的产业结构

这一阶段，我国经济逐渐从经济危机中得到恢复，通货紧缩得到缓解、有效需求增加，整体上经济转向高涨，但固定资产投资过热、粮食和煤电油运等供求紧张等新问题开始显现，实现我国经济的可持续发展成为迫切需求。中央政府明确要求按照科学发展观统筹社会经济发展，社会经济进入了科学发展的新时期，我国产业结构在这一时期也呈现出新变化。

结合这一阶段产业结构转型升级指标体系得分来看，整体上产业结构转型升级趋势向好，2008 年出现小幅波动。出现小幅波动的原因可能是金融危机影响下出口减少、4 万亿救市副作用（如粗放式发展的加剧）和当年的冰雪灾害造成的农业、工业生产受阻。这一时期的产业结构合理化程度不断提升。由产业结构转型升级指标体系中计算数据可得，2008 年合理化指标值为 -0.50，明显大于 2004 年的 -0.65；劳动力和资本配置均得到优化，仅 2007 年资本要素配置有些许恶化。产业结构高度化则出现小幅波动，并且这一波动源自资本生产率的下降。[①] 这可能与资本边际生产率递减和实际国内生产总值的快速上涨有关。并且，从其他国家发展进程中资本生产率的变化趋势中也可得到解释：工业化阶段资本生产率一般呈现下降趋势，工业化完成后资本生产率会在一个水平较为平稳波动。《2017 工业化蓝皮书：中国工业化进程报告》指出，到 2020 年我国将基本实现工业化。那么我国资本生产率这一阶段的降低是与国际实践的趋势相符的。根据新古典增长理论进行分析，资本生产率的下降还与这一阶段资本深化水平的提升有关。可以看到 2008 年资本生产率明显下降，这可能与该年 4 万亿投资和不会同步骤增的劳动力增长造成的资本深化值上升有关。

由表 2-3 的产出情况来看，这个阶段第一产业的产值比重持续之前下降态势，2008 年降至 10.20%；第二产业产值比例再度回到 47% 上下；第三产业产值占比则初步回升至 42% 之上。由表 2-3 可知，三次产业的就业结构在这四年与产出结构近乎完全一致，且相比于之前，在比重的实际值上差距缩小，这与产业结构合理化程度不断加深的结果一致。

表 2-3　2004—2008 年我国三次产业产值和就业结构

年　份	总　值	三次产业产值比重			三次产业就业比重		
		第一产业	第二产业	第三产业	第一产业	第二产业	第三产业
2004	100	12.9	45.9	41.2	46.90	22.50	30.60
2005	100	11.6	47	41.3	44.80	23.80	31.40
2006	100	10.6	47.6	41.8	42.60	25.20	32.20
2007	100	10.2	46.9	42.9	40.80	26.80	32.40
2008	100	10.2	47.0	42.9	39.60	27.20	33.20

资料来源：依据国家统计局官方网站数据整理得到。

[①]　这与邹晓梅于《中国物价》2018 年第 3 期发表的《我国资本生产率变动趋势研究》一文中的测算结果一致。

具体到产业内部结构，重点考察工业部门。首先，轻工业与重工业之比减小。轻工业增加值 2005 年下降至 31%，同年重工业增加值回升至 69.0%。相比 2002 年，两者变动幅度为 6.4 个百分点。其次，工业结构的行业构成发生变化。相比 2000 年，2005 年电子及通信设备制造业的增加值已由第三位晋级为首位，黑色金属冶炼及压延加工业代替交通运输设备制造业，跻身前五。由此可见"十五"（2001—2005 年）期间，依托电子及通信设备制造业的信息产业得到发展。信息产业又可进一步为其他行业和领域提供先进的技术、装备，进而加快产业结构优化升级进程。2007 年开始，我国工业结构进入以加工组装工业为中心的高加工度化阶段，并从劳动密集型工业、资本密集型工业向技术密集型工业转换，工业的发展从以数量扩张为主转向了以素质提高为主，工业结构调整的重点也由解决比例失调问题转向推进产业结构转型升级。

我国第三产业从 2000 年开始迅速发展，延续上一阶段发展势头。传统服务业虽增速未减，但是所占比重持续下降；新兴服务业得到较大发展，金融业和房地产业的发展势头良好，特别是房地产业已经逐渐发展为第三产业中拉动力最大的产业（石原，2008）。

（二）科学发展时期稳健的财政政策

立足我国社会主义初级阶段的基本国情，总结我国发展实践经验并借鉴别国发展经验，面对我国发展中的新要求，2003 年我国提出科学发展观，以期解决我国结构性矛盾和粗放式发展等多方面问题。由图 2-1 可知，这一阶段我国财政支出相对规模变化趋于平稳。2005 年我国开始实行稳健性财政政策，强调减少总量扩张，寻求国民经济增长和社会可持续发展的平衡路径，切实实现我国经济的可持续发展。稳健性财政政策的主要内容可以概括为"控制赤字、调整结构、推进改革、增收节支"。具体表现在如下方面：其一，通过减小国债发行，降低国债负担率，以达到减小赤字率目标，更多体现其传递调控信号功能。积极转向引导社会和私人投资，满足投资持续性、西部大开发等对于投资的需求。其二，通过"区别对待，有保有压，有促有控"调整结构。结合科学发展观的"五个统筹"，减少财政对一般竞争性和经营性领域的支出，增加财政对农业、科教文卫等的支持，不断调整支出结构。其三，税制改革。例如，从 2004 年起逐步降低农业税，从 2006 年 1 月 1 日起全面取消农业税；2004 年 7 月 1 日起增值税由生产型转为消费型；消费税征税范围的扩大；2006 年个人所得税费用扣除标准由 800 元增至 1 600 元；企业所得税两法合并；加大房地产税对房地产业支持力度和完善出口退税制度等。

通过这一阶段的稳健性财政政策的实施，我国固定资产投资规模得到有效控制，农业、交通、教育、环境保护等方面已成为投资重点，政府投资的引导作用得到积极发挥；农民的负担减轻，消费需求对经济贡献率在 2007 年超过投资；社会保障体系的建立、教育体制的改革和医疗卫生事业的发展均初见成效；出口退税制度的完善等均体现了支持自主创新和节能减排的政策导向。

四、经济增长方式转变和高质量发展时期（2009 年至今）

（一）经济增长方式转变和高质量发展时期的产业结构

我国产业发展面临的基础设施、产业升级、技术改造、科技创新和节能减排等任务。2008 年，国际金融危机爆发，影响着我国经济发展和产业结构转型升级。经过长期快速发展，我国经济增速已经放缓，2012 年，我国的 GDP 增速自 1980 年以来首次跌破 8%，2015 年，GDP 增速跌破 7%，经济进入新常态，促进产业结构转型升级，转变经济发展方式成为必由之路。"十四五"时期，我国经济发展进入新时代，进入高质量发展阶段，产业结构进一步转型升级。这一时期的产业结构合理化延续了上一时期的向好趋势。劳动力和资本配置均得到优化。产业结构高度化则出现明显波动，且在波动中趋于下降，这一波动与上一时期原因相近，源自资本生产率的下降。[①]基于新古典增长理论，这一阶段资本生产率下降的原因可能是全要素生产率增长缓慢，而这一阶段的全要素生产率增长缓慢的原因又可能是金融危机导致全球需求水平下降，有些部门出现产能过剩和产出下降；大量"僵尸企业"存在于国有企业当中，导致投资配置扭曲，资源利用效率降低，阻碍企业的"更新换代"；我国科技创新能力提升空间缩小，自主创新需要过程；金融市场等制度因素也在一定程度上形成制约。

该阶段三次产业产值比重不断调整。由表 2-4 可知，第一产业产值占比持续下降，2012 年已降至 9% 以下；第二产业延续下降趋势，2015年已降至 40% 以下，2021 年才有所回升；第三产业的比重稳步提升，并且在 2011 年首次超过第二产业比重，增长率也实现了超越，2014 年则突破 50%，这一重要变化表明，我国当前已经全面进入服务经济时代，制造业服务化将是产业发展主流。"三二一"产业格局更加巩固，经济发展的全面性、协调性和可持续性显著增强。

从三次产业的就业结构来看，第一产业在这个阶段就业人数占比一直下降；第三产业的就业比重持续上升；第二产业的就业人数比重则先升后降，与第二产业产值占比变化并不一致。这一阶段，我国第二产业面临转型升级，技术提升使得其对劳动力的吸纳能力逐渐减弱。就业吸纳弹性角度来看，我国第三产业对就业吸纳空间较大，第二产业就业吸纳能力已经开始急剧减弱[②]。

---

① 这与邹晓梅于 2018 年发表在《中国物价》第 3 期上的文章《我国资本生产率变动趋势研究》中的测算结果一致。

② 樊元，胡磊. 我国第三产业发展与就业增长互动关系研究 [J]. 工业技术经济，2012(8): 140-145.

表 2-4　2009—2021 年我国三次产业产值和就业结构

年　份	总　值	三次产业产值比重			三次产业就业比重		
		第一产业	第二产业	第三产业	第一产业	第二产业	第三产业
2008	100	9.6	46.0	44.4	38.10	27.80	34.10
2009	100	9.3	46.5	44.2	36.70	28.70	34.60
2010	100	9.2	46.5	44.3	34.74	29.58	35.68
2011	100	9.1	45.4	45.5	33.49	30.46	36.05
2012	100	8.9	44.2	46.9	31.24	30.33	38.43
2013	100	8.6	43.1	48.3	29.30	30.20	40.50
2014	100	8.4	40.8	50.8	28.06	29.67	42.27
2015	100	8.1	39.6	52.4	27.42	29.24	43.34
2016	100	7.5	39.9	52.7	26.68	28.61	44.70
2017	100	7.0	39.7	53.3	25.75	28.18	46.07
2018	100	7.1	38.6	54.3	24.72	28.14	47.13
2019	100	7.7	37.8	54.5	23.60	28.70	47.70
2020	100	7.2	39.3	53.5	22.87	29.08	48.05
2021	100	9.6	46.0	44.4	38.10	27.80	34.10

资料来源：依据国家统计局官方网站数据整理得到。

　　总体上来说，经过 40 多年的发展，伴随着经济社会各领域的深刻变革，我国三次产业发展取得了巨大成就，产业结构总体改善，产业现代化水平与国际竞争力不断增强。但同时，产业发展仍存在劳动生产率偏低、产能利用率不高、资源生态约束严峻等问题，产业结构转型升级任务依然艰巨。国家发改委预测："十四五"期末第一产业比重将小幅下降，降至 6.5% 左右；在新一代科技与产业变革、创新驱动发展、"碳达峰、碳中和"目标硬约束等背景下，我国工业创新发展能力大幅提升，高端发展态势逐步显现，绿色发展水平提高，"十四五"期末第二产业比重将降至 35.5% 左右；在产业转型升级、新型城镇化和居民消费品质升级等背景下，我国服务业发展迎来了新机遇，"十四五"期末第三产业比重将升至 58.0% 左右。

（二）经济增长方式转变和高质量发展时期相对平稳的财政政策

2008 年全球金融危机爆发，我国劳动力就业、出口贸易和中小企业发展受到严重影响。为应对这一严峻形势，2008 年 11 月国务院决定从 2008 年底至 2010 年实施投资总额约达 4 万亿元的 10 项措施，稳健的财政政策必须转向扩张性财政政策。也是在这一年，财政支出增长率突然上升（图 2-1）。扩张的财政政策将致力于解决制约产业发展关键领域的关键问题，其中，促进产业调整和发展，培育战略性新兴产业的措施如下：优化财政支出结构，增加农业投入，增加支持科技创新和节能减排支出，着力推进经济结构调整和发展方式转变；实行减税政策，减轻企业税收负担，着力促进企业出口和扩大投资；着力加强基础设施建设等。2010 年，中央政府作出决定，不断加大对战略性新兴产业的扶持力度。

2011 年至 2020 年，我国连续实施积极的财政政策，因为自 2010 年以来中国宏观经济指标呈现出 GDP 增速回落、经济转型升级和产业亟须创新等新现象。我国经济进入新常态，财政政策也要随之进行调整。减税降费、优化支出结构、配合供给侧改革是新常态下财政政策的面貌。减税负、扩内需则是"十三五"期间中国实施积极的财政政策的特征。该阶段的特征可以在图 2-1 中财政支出相对规模的上升和财政支出增长率偏低中得到印证。

第二节 我国财政政策影响产业结构转型升级的演变路径

一、1978—1997 年：以投资和税改为主，注重发展基础产业

首先，需明确该阶段财政政策主要侧重对经济的调整，对产业结构的调整是在经济调控过程中客观实现的。由产业结构历史变迁可知，我国在改革开放初期分别于 1979 年、1985 年和 1987 年进行产业调整，以解决当时严重的产业结构失衡问题。我国在社会主义市场经济体制初步建立时期，即 1992—1997 年，宏观经济出现过热情况。由财政政策演进可知，我国分别于 1979 年、1982 年、1985 年、1987 年和 1989 年实行较紧、较松、紧缩、较松和紧缩的财政政策调控经济，这一阶段的财政政策偏重微观直接干预；市场经济建立初期，国家实施紧缩性财政政策，首次实现经济稳步回落，这时的政策已经开始偏重于宏观调控。每一次财政政策改变，都将财政投资作为主要的政策工具，都涉及对基础产业发展力度的调整，且伴有财政体制的改革和税改。随着财政管理体制先后经历"分灶吃饭""利改税""拨改贷""分税制"等改革，产业调控的财政机制也初步形成（戴鹏，2012）。此时，财政政策对产业发展的作用虽得到加强，但财政政策并未强调产业结构调整功能。

从财政政策实施的结果看，改革开放初期，我国财政政策频繁且较为剧烈的调整使农业得到较快发展，工业内部状况得到改善，服务业有所发展，我国产业结构所存在的问题得到一定改善。但产业间资源的配置仍旧存在不少不合理的地方，频繁剧烈的政策变化降低了资源配置效率。从资源配置的角度来看，产业结构合理化程度并无明显提升，也就是说这一阶段财政政策的产业结构合理化效应不显著。但具体到产业内

部结构，则呈现代化发展趋势，促进农业和轻纺工业发展的政策效果显著，劳动和技术密集型产业占比提升，产业结构高度化水平有所提升。但基础设施和基础产业的发展水平仍旧较低，其对经济的带动作用受到限制；加工工业产能过剩，在国家限制下却仍旧发展迅猛；在建立新兴产业和改造传统产业方面有一定进展但进展十分缓慢。到 20 世纪 90 年代中期，我国产业结构失衡问题依然较为严重。具体的财政政策如下：

（一）以投资和税收调节为主，维持需求与经济稳定

由产业结构变迁可知，为了发展经济，我国 1978 年开始加大对基础设施的投资，并大量进口机械设备，导致经济过热。为了抑制需求过快增长，其一便是对预算内固定资产投资规模进行控制和压缩，1979 年财政部发布了《关于加强基本建设财务拨款管理的通知》，对基建资金的规模、供给等作出严格规定。1981 年与 1980 年相比，预算内基本建设资金减少 69.58 亿元，财政支出减少 90.42 亿元。1982 年，为压缩固定资产投资规模，开征建筑税。1989 年实行紧缩财政政策，停建、缓建众多固定资产项目。同时，我国积极调整投资方向，增加对农业和轻工业投资比例，增加农产品和日用品供给，缓解供需矛盾；保障对能源、交通、通信等基础设施的投资；增加对教育和科技的投资，如 1988 年和 1989 年教育事业费支出分别增长 19.7%、14.7%。1991 年，国家将建筑税改为固定资产投资方向调节税，以刺激固定资产投向重点行业。1993 年，针对固定资产投资增长过快的情况，逐步降低其增幅，至 1995 年已取得明显成效，增幅较上一年回落 12 个百分点（刘克崮、贾康，2009）。

对于需求的调控，除调控投资外，还可以从消费需求和出口方面入手。利用税收调节消费需求，如 1989 年对彩电、小汽车开征特别消费税，对农林特产税调整征税范围和税率，减少消费需求，缓解供需矛盾。在出口方面，通过设立专项贷款基金和扶持生产基金鼓励工业出

口，实行出口补贴政策和出口奖励制度，增加出口需求。例如，为支持轻纺工业发展，我国于 1987 年设立轻纺产品重点出口企业发展基金和出口奖励基金，并于 1986 年和 1987 年两次完善出口退税政策。

（二）利用国债、基金和税改，推动基础产业和第三产业发展

其一，利用基金、国债与减税，保障基础产业发展所需资金。由产业结构变迁过程可知，这一阶段我国重点发展农业，调整工业内部结构，加之对能源和交通等进行倾斜，可以说广义上的基础产业是我国为促进经济发展而需要重点发展的产业。这一阶段我国通过征集基金和发行国债来保障基础设施建设的资金到位。例如，开设能源交通建设基金、国家预算调节基金，发行国库券和国家重点建设债券，集中财力加强能源交通等基础设施建设。在农业方面，首先是筹集农业资金，国家预算内和预算外同时对农业投入资金；发展财政支农信用，将回收的财政支农周转金再投入农业；引导外资投入农业。其次是减轻农村税收负担。比如，税制上对起征点的利用（如对低产缺粮地区规定了农业税起征点，对农村社队企业适当提高工商所得税起征点）和税收减免的应用（如对贫困地区农业税实行减免和放宽新办社队企业减免税年限）。

其二，开展"利改税"等税制改革，增加第三产业企业积极性。1979 年起，国家依据第三产业的不同特点实行不同利润留成办法，通过"利改税"调动第三产业企业积极性。1983 年，财政部出台《关于加强集市贸易市场税收征收管理的规定》，有利于第三产业企业及经营单位的合法经营，进一步保障了第三产业发展。1984 年对餐饮业、服务业、维修业按照八级超额累进税制征税，比 15% 比例多缴纳部分进行返还，用于商业部门网点建设、技术改造，这也有利于服务业发展。这些财政政策的实施客观上促进了三次产业间的协调发展，一定程度上提高了产业结构的合理化水平。

（三）以补贴与税费减免为主，着手推动科技进步

1986 年，我国开始财政补贴计算机应用。为了对其进行推广，国家设立了电子信息产品发展基金部门，并每年投入 2 亿元贴息专项贷款（张志儒，2014）。1990 年，我国开始重视科技投入，对大型骨干国有企业的技术改造项目设立企业技术改造贴息资金，对科技型中小企业设立技术创新基金，并通过对符合条件计提的技术开发费免征"两金"（防洪保安基金、残疾人就业保障金）来鼓励企业技术投入。[①] 1994 年，我国实行分税制改革，税收制度更为规范且发挥更大作用。1996 年，我国对工业企业的研究开发费用列支、折旧的提取、科技成果转化和技术创新等方面制定了税收减免等优惠政策（刘立峰，2009），以此使得产业结构高度化水平得到一定程度提升。

二、1998—2003 年：以民生支出和税收优惠为主，着力发展科技和环保产业

该阶段，产业结构调整成为财政政策的宏观调控目标之一。1997年的亚洲经济危机在使国际经济低迷的同时，也使我国国内市场出现了问题，我国长期存在的产业结构不合理等深层次矛盾突显。政府果断实施积极财政政策，一方面追求总量平衡，一方面结构上重点倾斜，开始强调财政政策的产业调整和发展功能。该阶段积极财政政策的重点是努力扩大内需，继续支持企业改革，加快农业和能源、交通、重要原材料等瓶颈产业发展，促进产业结构优化和升级。

---

① 1991 年 8 月，财政部颁发《关于国营大中型工业企业提取技术开发费财务处理问题的通知》，规定有技术开发任务和消化能力的国营大中型工业企业可按不超过 1% 销售收入提取技术开发费；对承担国家重点新产品、新技术开发任务较重、经济效益好、又有消化能力的国营大中型工业企业，可按不超过销售收入的 0.5% 比例增提技术开发费。

从财政政策的实施效果来看，这个阶段的财政政策在促进产业结构转型升级方面取得了一定成效，三次产业的产值占比走势趋于合理，产业结构高度化水平也得到了提升。尤其在高度化水平提升方面，技术密集型产业，如医药制造业、电气机械及器材制造业、电子及通信设备制造业发展迅速；相对技术密集型的家用电器已打入国际市场；加工工业这类劳动和资本密集型产业比重下降。整体上技术相关产业得到较大发展。此外，积极的财政政策也带来了基础设施、通信设施和交通运输状况的较大改善。但三次产业的结构性偏差受当时体制、政策等因素限制，未能得到根本性调整。财政重点支持的化工和建筑业等主导性产业，由于关税等政策的过度保护，难以在市场竞争中获得发展优势。第三产业发展也受政策性进入限制，发展相对滞后。此外，科技进步与产业发展体制性的分离等也在一定程度上制约了产业结构高度化水平的提升。具体财政政策如下：

（一）倾斜性财政支出和优惠，加速基础工业发展和企业科技进步

1997 年，在金融危机影响下，我国财政政策转向积极财政政策。1998—2002 年 4 年间，在 5 100 亿元国债带动下，加之其他资金，共完成 2 万亿元基础设施建设，实施了南水北调等重大工程（郭伦德，2004）。此外，国家还通过出口退税率的调整带动产业结构调整。例如，分批提高了纺织原材料及制品、纺织机械、煤炭、水泥、钢材、船舶和部分机电、轻工产品的出口退税率，通过鼓励出口来带动相关产业发展。

国务院 2000 年 6 月出台了《鼓励软件产业和集成电路产业发展的若干政策》（国发〔2000〕18 号），通过明确软件企业的增值税、所得税优惠加快软件产业发展。此外，我国还在先进设备进口方面通过关税优惠（如低税率、减免规定范围内进口关税）和增值税优惠（如进口环节的免征）等税收优惠进行鼓励，客观上带动我国产业科技水平提升，促进产业结构高度化发展。1998—2002 年 4 年间，我国投资 2.66 万亿元，实施了一大批技术改造、高科技产业化、装备国产化项目，淘汰了一大批产品质量低劣、浪费资源、污染严重和不具备安全生产条件的企业，加快了企业技术进步，推动产业结构高度化发展。

（二）持续加大民生支出与环保支出，改善产业结构转型升级"环境"

其一，不断增加教育和社会保障支出，为产业结构转型升级创造良好的社会环境。以中央财政教育支出经费为例，该经费占比持续增长，从 1998 年开始更是每年提升一个百分点。高校"筒子楼"改造、高校体制改革、"211 工程""国家贫困地区义务教育工程"和国家重点科研项目是教育经费的主要投放领域。教育的投入会带来人力资本的整体提升，利于产业结构高度化水平的提升。社会保障支出方面，1998 年中央财政支出 144 亿元专项补助国有企业下岗职工基本生活保障和再就业工程，中央增加 20 亿元转移支付支持企业职工养老金保险制度改革，这些支出均创造了有效社会需求，一定程度上有利于产业结构转型升级。

其二，增加环保支出，发展"绿色"产业。我国不断增加生态建设和环境保护方面的财政投入，以改善生态环境，天然林资源保护等一批生态环境建设工程建成，并且开始关注清洁能源。基于 1994 年为支持水电的发展而制定的增值税税率优惠政策①，2001 年，财政部、国家税务总局和海关总署联合下发《关于西部大开发税收优惠政策问题的通知》，2001—2010 年对设在西部地区的小型水电站，给予企业所得税按

---

① 财政部、国家税务总局颁布的《财政部 国家税务总局关于调整农业产品增值税税率和若干项目免征增值税的通知》（财税〔1994〕4 号）规定，县以下小型水力发电单位生产的电力，可按简易办法依照 6% 征收率计算缴纳增值税。大中型水电站方面，则对不同的水电站作出不同的增值税税收优惠政策。

15%税率征收的优惠；对在西部地区新办电力、水利企业，给予"两免三减半"的企业所得税优惠（马杰，2014）。2001年，对风电项目按17%增值税率减半征收增值税，使其实际增值税税率降至8.5%。前面已经指出，"绿色"是产业结构转型升级的应有之义，也就是说这样的税收优惠有利于产业结构转型升级。

三、2004—2008年：增支调税区别对待，加强产业可持续发展能力

我国在科学发展观的指导下开始关注影响产业发展的深层次矛盾，试图通过财政支出结构和国债基金投向的调整，增强产业可持续发展能力。这一阶段稳健的财政政策并不是紧缩的财政政策，而是以"控制赤字、调整结构、推进改革、增收节支"为主线（贾康，2008），由主要拉动产业规模增长、扩大需求和拉动经济转向区别对待，有保有压，有促有控。支持深化各项改革，调整优化结构，培育新兴产业，努力促进产业可持续发展，建立有利于产业调整和发展的长效机制（李颖，2009）。

从财政政策实施结果来看，这个阶段财政政策在促进产业结构转型升级方面取得重要进展。农业特别是粮食生产出现重要转机，工业结构升级加快，能源、交通、重要原材料等基础产业发展和基础设施建设明显加快，高新技术产业得到较大发展，并且受益于基础设施和国家产业发展方向的制定，我国的物流业等服务业开始发展。但值得一提的是，我国第三产业的财政支持政策大多数分散在其他项目相关政策中（唐海秀，2011）。例如，专门针对信息服务业的财政政策分散在整体信息产业的促进政策以及对某些相关科技创新产品的制造、研发的财政优惠政策中。但无论如何，这一阶段的财政政策的确对产业结构高度化发展起到了十分积极的促进作用。具体财政政策如下：

（一）加大科技支出和税收优惠力度，引导企业注重技术研发

我国不断加大财政在科技方面的投入。2004 年，财政科技拨款额近 1 100 亿元，占国家财政支出的比重为 3.8%，该比重于 2006 年达到峰值，为 4.18%。科技支出主要用于继续支持国家科研基础设施和创新工程建设，侧重投向基础研究、高技术研究和社会公益研究、创新应用等。例如，2006 年财政对风电机组制造企业进行新产品研发、制造工艺技术的改进和设备制造试验示范行为给予了大量财政资金支持。

政府陆续出台税收优惠政策，试图通过增加科技产业税后利润变革技术结构，继而通过影响产业结构转型升级的关键因素技术进步来促进产业结构转型升级。例如，对投资于符合国家产业政策的技术改造项目的企业，其国产设备的投资额可从技术改造项目设备购置当年比前一年新增的企业所得税中扣除。又如，2007 年国家发改委发布了《关于落实国务院加快振兴装备制造业的若干意见有关进口税收政策的通知》，对国务院确定的 16 个重大关键技术装备的进口关税实行退税政策。

（二）补贴与税制调整合力，推进节能环保产业发展

在支出方面，2005 年颁布的《可再生能源法》第二十五条规定：对列入国家可再生能源产业发展指导目录、符合信贷条件的可再生能源开发利用项目，金融机构可提供有财政贴息的优惠贷款。《财政部关于印发〈可再生能源发展专项资金管理暂行办法〉的通知》（财建〔2015〕87 号规定，中央财政从可再生能源专项资金中安排一定资金，支持光伏发电技术在各类领域的示范应用及关键技术产业化。2008 年，财政部通过"以奖代补"的方式，首次使用现金补助支持我国风电整机设备和相关零部件制造的关键技术研发，对符合条件的企业前 50 台兆瓦级风电机组，按 600 元／千瓦的标准给予补助。此外，据《2010 年全国环境统计公报》数据，2010 年全国环境污染治理投资达到了 0.66 万亿元，

同比增长 47%，占当年国内生产总值的 1.67%。

在税收方面，我国 2006 年将木制一次性筷子、实木地板以及汽车柴油之外的其他成品油等项目列入纳税范围，加强资源保护。同时，我国也提高了 11 个省的煤炭资源税税额标准，开始从价定率征收试点，并于 2011 年修订《资源税暂行条例》，启动新一轮资源税改革。2004 年，我国对出口退税率进行调整，降低甚至取消国家限制出口的产品退税率，不降、少降甚至提高国家鼓励出口的产品的出口退税率，这种出口退税率设计对出口产品结构产生较大影响，并由此影响国内产业结构，最终推动了我国出口产品结构和产业结构的调整和优化。出口退税对高能耗、高污染和资源型产品出口退税率的降低和取消就是对产业结构的环保能力提升的积极引导。在增值税和关税方面，2008 年财政部发布了《财政部关于调整大功率风力发电机组及其关键零部件、原材料进口税收政策的通知》，决定对国内企业为开发、制造大功率风力发电机组而进口的关键零部件、原材料所缴纳的进口关税和进口环节增值税实行先征后退，所退税款作为国家投资处理，转为国家资本金。

四、2009 年至今：支出结构与税制不断优化，全面促进产业结构转型升级

由产业结构变迁可知，从 2008 年起我国产业结构转型升级就需要在科技创新、节能减排、基础设施完善等方面重点发力。之后，伴随着经济的快速发展，我国产业结构仍旧面临环境污染严重和产能过剩等诸多问题。随着经济进入新常态，通过产业结构转型升级寻求经济的持续发展动力的问题亟待解决，高质量发展阶段产业结构需要进一步调整。我国自 2008 年起实施扩张性财政政策，着力扩大国内需求，促进产业调整和发展。2011 年起我国实施稳健性财政政策，对传统产业进行调整，而且要加快战略性新兴产业的发展，通过培育新增长点提升竞争力，逐

渐转变增长方式。同时，财政政策被确立为国家治理的工具，其在产业结构转型升级方面的作用也更加凸显。

（一）继续优化支出结构，重点培育新兴产业

2008 年 12 月，中央经济工作会议提出，要在优化结构的前提下扩大投资规模，政策进一步向"三农"、节能减排、西部大开发倾斜，加大在生态环境、自主创新和重大基础设施建设方面的支持力度。在投资约 4 万亿元开展的项目完成之后，我国还不断推出相关举措，优化支出结构，扩大重点领域投资，支持后危机时代的产业调整和发展。现阶段，我国更是积极优化支出结构，完善支出形式，以期促进产业结构转型升级。

例如农业方面，促进农业内部产业结构调整，以促进产业结构转型升级。《关于深入推进农业领域政府和社会资本合作的实施意见》（财金〔2017〕50 号）就是以加大农业领域 PPP 模式推广应用为主线，通过优化资金投入方式带动农业产业结构调整。对于第三产业一些部门的财政支持力度也开始增加，以"服务化"促转型升级。例如，主要通过专项基金的形式促进文化产业的发展。具体有宣传文化发展专项资金，主要采用专项拨款、资（补）助和奖励、专项贴息形式；文化产业发展专项资金，主要采用项目补助、绩效奖励、贷款贴息、保费贴息形式；国家出版基金，主要采用补助形式；民族文字出版专项资金，主要采用财政补贴方式；农家书屋工程专项资金，主要采用财政补助、奖励形式。又如，我国促进生产性服务业发展的主要财政支出形式是政府购买与财政补贴，且后者较常见。此外，还有对软件产业的财政支持，具体政策见表 2-5。

表 2-5　目前我国支持软件业发展的直接投入方式

序　号	具体政策
1	国家自然科学基金中涉及的部分与软件和信息系统相关的项目
2	国家重大科技计划中支持信息技术领域的项目（国家高技术研究发展计划 863 计划、国家重点基础研究发展计划 973 计划、国家科技支撑计划等）
3	国家科技重大专项"核心电子元件、高端通用芯片及基础软件产品"对于基础软件领域的研发活动进行支持
4	电子信息产业发展基金对软件领域的技术研发和产业化进行支持
5	技术改造专项基金、中小企业技术创新基金等涉及软件领域的基金
6	2000 年发布的 18 号文件明确提出软件政府采购政策：国家投资的重大工程和重点应用系统，应优先由国内企业承担，在同等性能价格条件下优先采用国产软件系统；政府购买的软件、涉及国家主权和经济安全的软件，应当采用政府购买的方式进行

　　为重点培育战略性新兴产业，带动产业结构转型升级，我国 2010 年 10 月发布了《国务院关于加快培育和发展战略性新兴产业的决定》（国发〔2010〕32 号），设立了战略性新兴产业发展专项资金，并由财政部会同国家发展和改革委员会下发《战略性新兴产业发展专项资金管理暂行办法》用以支持新兴创业投资计划、产学研协同创新、技术创新平台、区域集聚发展等。加大对企业研发的支持力度，提高消费端的补贴水平，加大对战略性新兴产业相关产品的政府采购力度，并运用税收政策给予引导和扶持。

　　此外，《关于 2016—2020 年新能源汽车推广应用财政支持政策的通知》（财建〔2015〕134 号）中提出"为保持政策连续性，促进新能源汽车产业加快发展，按照《国务院办公厅关于加快新能源汽车推广应用的指导意见》（国办发〔2014〕35 号）等文件要求，财政部、科技部、工业和信息化部、发展改革委将在 2016—2020 年继续实施新能源汽车推广应用补助政策"。支持光伏产业发展的财政政策，针对未通电边远地区离网发电和大型太阳能光伏发电项目及示范性光伏项目进行财政补贴。2012 年 12 月 19 日，国务院常务会议制定了促进光伏产业健康发展的政策措施，如以财政补贴方式支持该产业发展。为提高资金使用效益，规范项目管理，制定了《金太阳示范工程财政补助资金管理暂行办法》。2018 年针对光伏产业发展问题，调整补贴范围和水平，普通电站和未纳入规模化分布式光伏项目均不再享受国家补贴。这些支持我国战略性新兴产业发展的财政政策，都会在一定程度上加速产业结构转型升级，特别是产业结构高度化水平的提升。

（二）减税降费与税制改革并举，推进国家整体创新能力提升

从"结构性减税"到"普惠性减税与结构性减税并举"，再到"坚持阶段性措施和制度性安排相结合，减税与退税并举"，我国减税降费步步扩围、层层递进，从 2013 年至 2021 年，税务部门办理新增减税降费累计达 8.8 万亿元，我国宏观税负从 2012 年的 18.7% 降至 2021 年的 15.1%。"营改增"和出口退税率调整等税制改革都会通过税负的变化影响供需，从而推动产业结构转型升级。

税收方面尤为重视对高新技术产业的支持。为促进企业增加研发投入，科技部、财政部、国家税务总局于 2008 年 4 月 14 日联合颁布了《高新技术企业认定管理办法》。对于如何认定高新技术企业，《高新技术企业认定管理办法》从研发投入比例、科技人员比例、高新技术收入比例方面制定了三类指标量化标准。根据 2008 年 1 月 1 日起实施的《企业所得税法》，高新技术企业的所得税税率为 15%，比一般企业低 10 个百分点。此外，高新技术企业还享受研发费用加计扣除和节能环保设备抵减税额等多项税收优惠政策。起初为促进光伏产业发展，我国提出光伏电站项目实行与风电相同的增值税优惠政策。但由于现阶段其产能

过剩问题严重，我国实施了创新性减税政策，促进其进行技术攻关，进而促使产业转型升级。

此外，还专门针对科技企业孵化器制定税收优惠政策，推动科技企业集聚发展。例如，《财务部 国家税务总局关于科技企业孵化器税收政策的通知》（财税〔2016〕89 号）规定，自 2016 年 1 月 1 日至 2018 年 12 月 31 日，对符合条件的孵化器自用以及无偿或通过出租等方式提供给孵化企业使用的房产、土地，免征房产税和城镇土地使用税。我国还实行企业的研发费用加计扣除等政策，鼓励企业进行技术创新。

（三）大力实施绿色财政政策，缓解环境问题

随着人们对资源环境问题的关注度提升和"双碳"问题的硬性约束，财政政策也对其持续发力，本书暂时将这部分财政政策称为"绿色财政政策"。部分绿色财政政策存在于支持高新技术产业和战略性新兴产业的财政政策之中。在此分产业列出部分绿色财政政策，涉及的优惠税种主要是增值税和企业所得税，涉及的优惠支出方式主要是财政补贴。具体见表 2-6。

表 2-6 部分"绿色"财政政策的列举

序 号	产 业	优惠方式	具体优惠政策
1	风电	企业所得税税额减征：三免三减半	2008 年，新《企业所得税法》规定，对于风电产业等国家重点扶持的项目所取得的经营收入，前 3 年免征企业所得税，第 4 年至第 6 年减半征收企业所得税
		增值税：即征即退	2008 年《关于资源综合利用及其他产品增值税政策的通知》规定，利用风力生产的电力实行增值税即征即退 50% 的政策
		财政补贴	2012 年的《基本建设贷款中央财政贴息资金管理办法》规定，对符合条件的风力发电项目提供财政贴息补贴，贴息资金为项目建设期内贷款的 2% ～ 3%

序 号	产 业	优惠方式	具体优惠政策
2	核电	增值税：先征后返	《关于核电行业税收政策有关问题的通知》（财税〔2008〕38 号）明确规定了支持核电发展的税收优惠政策。通知规定核电企业生产销售电力产品，自核电机组正式商业投产次月起 15 个年度内，统一实行增值税先征后返政策，返还比例分 3 个阶段逐级递减
3	光伏	增值税：即征即退	2013 年《关于光伏发电增值税政策的通知》规定，为鼓励利用太阳能发电，促进相关产业健康发展，根据国务院批示精神，自 2013 年 10 月 1 日至 2015 年 12 月 31 日，对纳税人销售自产的利用太阳能生产的电力产品，实行增值税即征即退 50% 的政策
4	水电	增值税：即征即退	2014 年《财政部 国家税务总局关于大型水电企业增值税政策的通知》（财税〔2014〕10 号）规定，针对装机容量超过 100 万千瓦的水力发电站（含抽水蓄能电站）销售自产电力产品，自 2013 年 1 月 1 日至 2015 年 12 月 31 日，对其增值税实际税负超过 8% 的部分实行即征即退政策；自 2016 年 1 月 1 日至 2017 年 12 月 31 日，对其增值税实际税负超过 12% 的部分实行即征即退政策

资料来源：国家税务总局网站资料及相关文献。

此外，目前我国还针对环境保护、节能节水和资源综合利用行为（不区分行业），实行税收优惠政策，具体政策见表 2-7。

表 2-7　针对节能环保行为的税收优惠

序　号	税　种	优惠方式	具体优惠政策
1	企业所得税	税额减征：三免三减半	从事符合条件的环境保护、节能节水项目（公共污水处理、公共垃圾处理、沼气综合开发利用、节能减排技术改造、海水淡化等）的所得
2	企业所得税	税额抵免	企业购置并实际使用《环境保护专用设备企业所得税优惠目录》《节能节水专用设备企业所得税优惠目录》《安全生产专用设备企业所得税优惠目录》规定的环境保护、节能节水、安全生产等专用设备的，该专用设备的投资额的 10% 可以从企业当年的应纳税额中抵扣；当年不足抵免的，可在以后 5 个纳税年度结转抵免
3	企业所得税	减计收入	企业综合利用资源，生产符合国家产业政策规定的产品所得的收入可在计算应纳税所得额时减按 90% 计入
4	增值税	即征即退	纳税人销售自产的综合利用产品和提供资源综合利用劳务，可享受增值税即征即退政策

资料来源：中国注册会计师协会组织编写的《税法：2017 年版》及国家税务总局网站资料。

第三节　我国财政政策影响产业结构转型升级的成效与问题

一、我国财政政策促进产业结构转型升级取得的成效

　　总体来说，不同的发展时期，财政政策都对产业结构转型升级起到了一定的积极作用。从整体上看，我国产业结构转型升级的程度持续加深，产业结构转型升级不断取得成效。依据计算得出的我国 2004 年至

2021 年的产业结构转型升级指数可知，综合得分从 2004 年的 0.211 7 提升至如今的 0.7 之上。这与我国财政政策对产业结构转型升级的宏观调控密不可分。可以看到，2008 年和 2009 年的产业结构转型升级指数虽然受到金融危机影响，有小幅下降，但 2010 年该指数就开始反弹，甚至高于经济危机爆发前（2007 年）的指数 0.419 6。这在一定程度上说明我国抓住了由 2008 年经济危机带来的新一轮全球范围内加速产业结构转型升级的机遇，加快了我国产业结构转型升级步伐。此外，我国从十八届三中全会以来加强对产业结构转型升级的宏观调控，使得我国产业结构转型升级稳步进行，2013—2015 年产业结构转型升级程度指标综合得分较大幅度上升便是很好的证明。

我国依据不同时期的产业结构的特征和社会发展的需要，推动产业结构转型升级的财政政策不尽相同。整体来说，财政政策的产业结构导向性越来越明显，促进产业结构转型升级的财政政策工具越来越丰富，它们之间的协同性也在逐步加强。

在财政支出方面，改革开放至市场经济建立初期，政府投资等财政政策主要是为了促进经济增长，由此带来基础设施和产业发展，但并非直接用于推动产业结构调整。客观上这些政策为产业持续快速发展奠定了良好基础。在市场化改革加速阶段，我国增加了研究与发展支出、基础设施建设投资、民生性支出和环保支出，财政政策逐步明确提出将对产业结构的调整作为目标之一。科学发展新时期，我国大量使用补贴推动新兴产业发展，鼓励科技创新。受益于之前阶段基础设施的不断完善和国家产业发展方向的明确，我国的物流业等服务业开始发展，产业结构合理化程度不断提升，在技术方面也取得较为显著的进步。2009 年至今，财政支出主要朝着合理控制支出规模、优化支出结构方向发展，推动产业结构全面转型升级。这一阶段设立专项资金，保障资金来源；在继续增加特定领域财政支出、灵活运用投资和财政补贴手段的基础上，政府采购被广泛使用。根据资源配置学说的理论，资源在三次之间合理配置与否与要素投入和产出的耦合程度来判断产业结构合理化来说，我国的产业结构合理化水平在这一阶段稳步提升。

在税收政策方面，改革之初主要采用税收减免政策，具体为特定环节的支出可以免征"两金"和对于农业税收的减免；利用"利改税"激发企业积极性。分税制下税收制度逐步完善，主要的税收政策依旧是税收减免政策，税种主要为增值税和企业所得税。增值税主要对特定产业实行税率优惠政策，企业所得税的优惠主要有税率的降低与研发费用列支和折旧提取等减免税项目的规定。科学发展时期，为促进产业结构转型升级，税收既有税种设计上的变化又有优惠政策的实施。涉及的税种主要有消费税、资源税、关税和企业所得税。消费税主要通过税目的调整影响产业结构；资源税主要通过计税依据的调整影响产业结构；关税则通过退税政策振兴装备制造业；企业所得税则通过项目扣除促进技术改造。2009年至今，涉及的税种越来越多，主要有增值税、消费税、关税、个人所得税、企业所得税、房产税和城镇土地使用税。增值税通过起征点、增值税类型的改变和税率影响产业结构；消费税通过对特定商品（如汽车）的优惠影响产业结构；关税通过退税政策影响产业结构；个人所得税主要通过对特定人群的特定收入的税率调整影响产业结构；企业所得税通过税率高低和税额抵减推动产业结构转型升级；房产税和城镇土地使用税等税种主要是通过对特定产业的税额减免影响产业结构。

二、我国财政政策促进产业结构转型升级存在的问题

（一）前瞻性与稳定性不够

从整体上讲，我国促进产业结构转型升级的财政政策一般都是针对最紧迫问题提出的，缺乏一定的前瞻性，这也就造成相应财政政策难以长期实行，难以持续发挥作用，稳定性不够。这会降低财政资金的使用

效率，弱化财政政策的引导效应，最终减弱财政政策的产业结构转型升级的效应。以文化产业为例，我国较常使用短期税收优惠政策支持其转型升级。然而，政策的短期性影响文化企业形成稳定预期，为更多的资金投入文化企业制造了一定的障碍（刘元发，2014）。

出现该问题可能的原因之一是在促进产业结构转型升级的过程中缺乏对每个产业的地位和发展定位的清晰判断。这也容易造成财政对相关产业支持的盲目性。光伏产业的财政补贴开始时较高比例的"事前补贴"导致骗补、施工期等不利于该产业发展的问题出现。该问题解决后，分布式电站补贴在带来分布式电站市场发展的同时也是问题百出。2018年，我国较大范围取消补贴以对光伏产业进行大力调整。这都说明缺乏长期财政政策可能会在短期内促进产业结构转型升级，但长期来看反而会在一定程度上影响产业发展。

除盲目性外，还易影响产业的全面发展。以我国财政政策积极促进新兴产业发展为例，财政政策实际作用是有限的。信息和节能环保产业成为政策洼地，同属于新兴产业的装备制造业、新材料产业获得的财政支持相对较少。也就是说财政政策对新兴产业的作用覆盖范围较窄，尚未形成立体式覆盖，一定程度上会不利于战略性新兴产业的全面发展。再如，具体到对于科技企业的税收优惠，主要针对软件产业和集成电路产业，并未包含三次产业内的科技产业，也并未涵盖第二产业大部分的高新技术产业。同时，大部分税收优惠的受益者为大中型企业，对私有民营的小型企业来说可享受到的鼓励其科技创新的优惠政策有限。

（二）系统性不够

首先，系统性不够表现在财政支出和税收各自对产业结构转型升级的支持体系尚未完全建立。以税收为例，由于税收政策支持产业结构转型升级的政策取向不够明确，对部分产业的地位定位不够高，对产业在国民经济中的重要性缺乏充分认识，造成部分产业税收政策设计目标的导向性不强。这体现在较多的财政政策产生的背景是产业矛盾突出，目的是缓解矛盾，从而逐步摆脱产业发展的桎梏。然而，这样的扶持政策易出现对产业结构转型升级的扶持取向较弱的现象，对整体或是结构扶持的取向都难以反映。这也就增加了建立起导向性强的支持性税收政策体系的难度。税收政策支持产业结构转型升级的政策取向不明，还会导致税负设计的合理化程度降低，阻碍要素的流动与优化配置（左少君，2012）。

其次，系统性不够还表现在促进产业结构转型升级的财政政策配套制度尚不完善。配套制度的不完善包含两方面意思。其一是促进产业结构转型升级的财政政策具体实施细则和监管细则的缺失。由此，造成相应财政政策制定与实施的脱节和理论效果与实际效果的差异，大大降低了财政政策促进产业结构转型升级的有效性，光伏产业领域内财政政策缺乏实施细则使得某些政策无法落实就是佐证。其二是部分财政政策的制定缺乏财税法律支持，执行的有效性大大降低。同时，这也会进一步加剧有关财政政策的短视性和波动性，不利于产业结构转型升级。以我国促进战略性新兴产业发展的财政政策为例，其多以财政部、国家税务总局或几部门共同颁布的"意见""通知"等形式存在，在规范性和稳定性上比法律弱，较易造成部门之间政策的重复或矛盾，也不便于逐步建立财政支持政策跟踪评估的绩效考核机制，可能会降低财政政策支持的有效性。有些时候，这种法律体系支持的欠缺可能造成一定程度上政策支持分散，支持力度被稀释，甚至有些财政政策在促进产业结构转型升级方面的作用会出现相互抵消。

最后，系统性不够表现在未能充分实现促进产业结构转型升级的财政政策间的协同配合。促进产业结构转型升级的政策在制定上缺乏协同，实际体现出在促进产业结构转型升级方面尚未形成协同的理念。行政区块思维会导致财政支出各功能性支出目标间相对独立，有时这可能会在一定程度上削弱财政支出结构对产业结构转型升级的作用效果。例如，考虑教育支出时若不能考虑到产业结构转型升级对高级技工的需要，教育支出通过人力资本影响产业结构转型升级的效果就可能会减弱。税收方面以促进产业结构转型升级的关键因素科技创新为例，税收优惠设计上还没有形成创新链条式的优惠来鼓励其发展。税收支持政策多集中在企业所得税上，整个流通和消费链条上税收政策支持的缺失可能会使政策实施效果减弱。

（三）财政支出结构和税制设计均不够优化

这里支出结构和税制不够优化均可以从内容和形式两方面来看。

第一，财政支出结构仍不够优化，对于满足经济发展大局要求下更有针对性地促进产业结构转型升级目标仍有一定距离。例如，我国研发投入占比与创新型国家相比仍然存在较大差距。我国2021年R&D支出强度为2.44%，虽超过了欧盟15国平均水平，但是科技强国2.5%～4%的水平还有差距。国家财政科技拨款占公共财政支出的比例近几年为4%左右，仍有加大财政科技支出的空间。虽然我国教育支出占国内生产总值的比例已连续几年达到4%这一目标，但是仍然需要继续加大投入。由我国资本生产率下降及其可能的原因可知，科教支出的正外部性还没能充分发挥，它对于劳动力质量的提升、全要素水平的提升还可以发挥更积极的作用。包含教育支出在内的民生性财政支出比重虽然上升速度较快，但是各项民生性财政支出内部结构的优化应该得到重视，以使其能够更好地通过影响劳动力供给和需求来促进产业结构转型升级。又如，我国对产业结构可持续发展的财政扶持力度较小，环境保护投资增加较快，但仍总量不足。

财政支出工具相对单一。单一的财政政策工具容易增加政策配合的难度。财政支出的调节手段主要集中在支出规模的增减和政府采购、政府投资和财政补贴支出形式的使用。但对于某个产业或某个环节的财政支出，有时使用的财政支出方式较为单一。例如，对文化产业、信息技术产业的财政支出支持集中采用专项基金和财政补贴形式，财政担保、财政奖励等支持方式或仍在探索，或者偶尔采用，并不能满足产业发展需要（田萌，2012）。并且，我国现阶段政府投资仍具有重要作用，但可能会存在作用方向不明确的情况，导致财政投资的使用效率受限。政府投资性支出对于产业结构转型升级的正反作用，应该进一步跟踪分析，严格把控该类支出。

第二，税制设计不够优化。在促进产业结构转型升级方面，相关税种的导向作用尚没有充分发挥。可以有效调节消费需求，影响产业结构转型升级的消费税导向作用还没有得到充分的发挥，存在较大提升空间。现行的消费税作为价内税，本身在调节消费需求时就可能因"疼痛感"较弱而减弱调节效果。并且，税目和税率未能及时进行调整，如随着人们越来越重视健康和生活质量，高档保健品等可纳入征税范围，游轮等产品 10% 的税率已相对较低。又如，在企业所得税中，除了软件生产企业发生的职工教育经费和核力发电企业为培养核电厂操纵员发生的培养费可以全额扣除外，其他科技产业等重点发展产业依然实行职工教育经费支出不超过工资薪金总额 2.5% 的标准扣除，这也在一定程度上限制了产业科技进步和劳动力素质的提升。此外，我国目前流转税与所得税双主体的税制结构与本身集中于企业所得税方面的税收优惠政策结构之间的匹配程度较低，会在一定程度上削弱对中小型企业、高新技术企业等企业的税收支持效果。

税收方面还存在税收优惠政策形式单一的问题。以农业企业享受到的税收优惠为例，税收优惠形式较为单一体现在加速折旧等间接优惠形式鲜有被运用，税额减免的事后激励不利于农业企业进行资本积累，形成规模化生产，进而在一定程度上不利于产业结构转型升级。此外，还存在整体财政政策工具单一的情形。以从科技创新需求角度拉动科技发展的政策为例，增加创新需求政策工具单一，除政府采购政策外，尚未通过税收手段鼓励消费者使用新产品的政策。

第三章　我国财政支出政策的产业
结构转型升级效应检验

在进行实证分析之前，先进行简要的说明。财政政策促进产业结构转型升级实际效果的测度可以采用如下方法：第一种是利用经济和计量模型，将产业结构转型升级程度作为被解释变量，将财政政策中具有代表性的指标作为核心解释变量，并合理采用控制变量，通过回归或其他估计方法得到财政政策影响产业结构转型升级的效果。第二种是利用综合评价指标体系进行评估。鉴于财政政策影响产业结构转型升级效果是一个涉及促进主体、客体、工具等多方面的体系，测度最直观的方法是建立综合评价指标体系。建立一个相互联系又相互独立的测度财政政策影响产业结构转型升级效果的多指标体系是一个系统工程，可以借鉴曹海娟（2012）的思路，从政策制定效果、政策执行效果和政策作用效果三方面进行总指标的分解。具体的指标体系见表3-1。

表3-1　财政政策影响产业结构转型升级效果的综合评价指标体系

目标层	一级指标	二级指标
我国财政政策影响产业结构转型升级效果A	政策制定效果A1	政策目标的准确性A11
		政策工具的科学性A12
		政策具体可操作性A13
	政策执行效果A2	政策与经济状况的适应性A21
		政策与其他经济政策的协调性A22
		政策运行环境的支撑性A23
	政策作用效果A3	产业结构转型升级程度A31

该财政政策影响产业结构转型升级效果综合评价指标体系中指标层指标的权重确定，只能使用层次分析法这种主观赋值法，较少指标可以用客观数据进行权重估计。此外，综合评价指标体系中将之前产业结构

103

转型升级测度指标体系的测度结果作为子指标，且理论上该指标权重相对较大，如此会使评价存在较大主观性，这会对结果的准确性有较大影响。所以，本书更倾向于采用第一种方法，即使用经济计量模型进行实证分析。本书将产业结构合理化和高度化分别作为被解释变量，分别将财政支出与税收可量化指标作为核心解释变量，以人力资本、市场发展程度等指标为控制变量，构造模型进行实证研究。由于年份跨度较小[①]，数据样本量过小，简单采用国家层面的数据进行实证研究，准确性较差。因此，本书在采用第一种实证思路的基础上，采用省级面板数据来扩大样本容量，增强实证的准确性。

第一节 模型的设定与变量的说明

一、模型的设定

本书第一章第三节分析了政府运用财政支出政策影响产业结构转型升级的机理，那么产业结构对于财政支出是否也会产生影响？产业结构转型升级程度、税收收入、经济发展水平和市场化程度往往也会影响到财政支出水平。若两者之间存在互动关系，那么需联立方程模型，将变量之间的相互作用对模型估计产生的影响考虑进去。但经过检验，并不存在反向作用关系，故使用一般面板模型即可，其基本模型设计如下。

$$exp_{it}=f(exp_{i,t-1}, instru_{it}, instru_{i,t-1}, tax_{it}, pgdp, market_{it} finance_{it}) \qquad (3-2)$$

其中，i 表示个体（i=1，2，3，……，28），t 表示时间（t=2007，2008，…，2015），即本文采用 2007—2015 年 28 个省份面板数据。

---

① 财政支出的口径于 2007 年发生较大变化，其之后年份与之前年份不具有可比性，因此本书仅选取 2007 年至 2020 年的数据，数据来源于各省的统计年鉴（2007—2020）。

instru 表示产业结构转型升级，本书主要使用产业结构合理化 *r* 和产业结构高度化 *h* 对其进行衡量。*exp* 为财政支出政策变量，本书将会从总量和结构两方面进行考察。公式（3-1）表示产业结构转型升级程度受到产业结构财政支出和固定资产投资 *inv*、居民消费 *con*、出口 *exd*、人力资本 *hc*、经济发展水平 *pgdp*、市场化水平 *market* 和金融发展水平 *finance* 的影响。考虑到产业结构转型是一个长期变化的过程，且具有一定的惯性，故将滞后一期的产业结构转型程度也作为解释变量，并且由于财政支出对产业结构的影响时滞性，参考其他学者相关研究，将财政支出的滞后一期作为解释变量。公式（3-2）则表达了财政支出与上一期的财政支出、产业结构转型程度、税收收入 *tax* 等因素的影响。

二、变量的选取与数据说明

（一）产业结构转型升级程度变量的选择

在产业结构转型升级程度方面，本书参考刘伟等（2008）、干春晖等（2011）和吕明元与陈维宣（2016）采用合理化 *r* 和高度化 *h* 作为研究的被解释变量。本书采用资源配置说，以要素投入结构和产出结构的耦合程度和三次产业产出占比加权来衡量产业结构合理化程度。这在本书第一章产业结构转型升级部分也作出了一定说明。

$$h = \sqrt{\left[\sum_{i=1}^{3} (Y_{it}/Y_t) \left| \frac{Y_{it}/L_{it}}{F_t/L_t} - 1 \right| \right]} \times \sqrt{\left[\sum_{j=1}^{3} (Y_{it}/Y_t) \times \left(\frac{F_{it}/K_{it}}{F_t/K_t} \right) - 1 \right]} \quad (3\text{-}3)$$

式中，Y_{it}/Y_t 表示 *t* 时刻 *i* 部门产出占总产出比重，$|(Y_{it}/L_{it})/(Y_t/Lt)-1|$ 和 $|(Y_{it}/K_{it})/(Y_t/K_t)-1|$ 分别为劳动投入结构和资本投入结构与产出结构的耦合程度。将两者采用几何平均算法得出综合耦合度，因为耦合度为逆向指标，故本书取其相反数将其转化为正向指标，即 *r* 值越大，则产业结构越合理。

$$h = \sqrt{\left[\sum_{j=1}^{3}(Y_{it}/Y_t) \times LP_{it}^N\right]} \times \sqrt{\left[\sum_{j=1}^{3}(Y_{it}/Y_t) \times (Y_{it}/K_{it})\right]} \qquad (3\text{-}4)$$

采用三次产业产出占比与生产率乘积衡量产业结构高度化水平。其中，Y_{it}/Y_t 为 t 时刻 i 产业部门的产出占比，LP_{it}^N 为标准化后 t 时刻 i 部门的劳动生产率，Y_{it}/K_{it} 为 t 时刻 i 部门的资本生产率。将劳动和资本生产率采用几何平均方法求得产业结构高度化衡量指标 h。该值越大，则产业结构高度化水平越高。

本书将资本也纳入产业结构转型升级的指标体系之内，改善了学者们在实证阶段仅使用劳动这一指标的状况。将资本纳入指标体系，首先需对 2007—2020 年 28 个省的三次产业的资本存量进行估算。本书使用永续盘存法，采用 Hall 和 Jones（1999）的方法计算初始年份的资本存量，参照张军等（2004）的方法采用 9.6% 的折旧率，增长率为实际几何平均增长率，各省三次产业投资价格指数采用徐现祥等（2007）的方法进行计算，考虑到 2020 年未给出投资价格指数，采用消费价格指数代替；2018 年以后未给出三次产业投资价格指数，所以三次产业投资价格指数分别使用农产品生产者价格指数、工业生产者生产价格指数代替；由于 2002 年后分地区分产业的固定资产形成总额不可得，使用分地区分产业的固定资产投资额进行替代（宗振利、廖直东，2014）。

（二）财政支出变量的选取

本书对财政支出变量的选取主要从总量和结构两方面考虑。财政支出总量采用一般公共预算财政支出与国内生产总值的比值，以 exp 表示。财政支出结构主要依据我国 2007 年 1 月 1 日起正式实施的财政收支分类改革，采用政府支出功能分类进行分类，参考储德银和建克成（2014）、罗建国（2014）、杨胜（2016）等学者有关 20 余项年鉴中支出指标进行整合的方法，结合它们对于产业结构转型升级的作用，分为科技支出 exp_{sci}、节能环保支出 exp_{eng}、民生性支出、行政管理和国防支

出 exp_g、经济发展支出 exp_{eco} 五大类，具体数值均采用各自支出额与国内生产总值的比值来计算。由于支出统计口径 2007 年发生较大变化，前后不具有可比性，仅采用 2007—2020 年数据进行实证分析。

其中，民生性支出由于学者对该支出包含的具体支出项的观点并未达成一致，本书采用财政部对于窄口径民生性支出包含项目，即与民生直接相关的 5 项支出作为参考，包括教育支出、社会保障和就业支出、医疗卫生和计划生育支出、文化体育与传媒支出和住房保障支出。此处将民生性支出分别列示，以更具体地说明财政支出结构对产业结构转型升级影响。因为住房保障支出在 2010 年才出现在统计年鉴中，所以并没有将其纳入。

行政管理与国防支出参考王曙光等（2008）、罗建民（2014）及杨胜（2016）的分类，包含一般公共服务支出、公共安全支出、国防支出和外交支出。

经济发展性支出在本书主要指农林水支出、交通运输支出、商业服务业等事务支出等。2007 以来，不同年份的年鉴中包含归入本书经济发展性支出的支出项除农林水支出和交通运输支出两项外，其他项均有变化。例如，2007 年除共有的两项外，还包含工商业和金融等事务支出；2015 年则除共有的两项外，还包含粮油物资储备等事务支出、金融监管支出、资源勘探电力信息等事务支出、商业服务业等事务支出、国家资源气象等事务支出。总体上看，在年鉴中除相同的 13 项支出及其他支出、地震灾后重建支出、国债还本付息支出、对外援助支出以外的支出，均归为经济发展性支出。由于 2007—2020 年各年份具体项目有差异，分别做计算。

（三）其他变量的说明

依据影响产业结构转型升级的供需和环境因素，将投资 inv、居民消费水平 con、出口 exd、人力资本 hc、经济发展水平 $pgdp$、市场化程

度 *market*、金融发展程度 *finance* 作为控制变量纳入方程，各变量的代表指标的选取和计算均参考相关文献。其中，投资需求 *inv* 使用固定资本形成额[①]与国内生产总值比值进行度量，消费需求 *con* 和国外需求 *exd* 均参考韩永辉等（2017）的方法，分别使用人均消费水平与人均国内生产总值之比和出口额与国内生产总值之比度量。供给因素中人力资本 *hc* 使用地区平均受教育年限进行度量，计算公式参考胡晓梅（2016）等学者使用的（初中生在校人数/总人口数）×9+（普通高中在校人数/总人口数）×12+（中职在校人数/总人口数）×12+（普通高等学校在校人数/总人口数）×16。市场化 *market* 和经济发展水平 *gpdp* 分别采用学者普遍使用的非国有企业固定资产投资与总固定资产投资比值[②] 和人均国内生产总值进行衡量；金融发展程度 *finance* 参考钱龙（2017）使用的金融机构年末存款余额比国内生产总值进行计算。此外，在公式（3-2）中使用的宏观税负为小口径宏观税负，税负的计算参考庞凤喜等（2016）的做法，采用税收收入占国内生产总值的比重衡量。

各指标数值均来源于各省统计年鉴（2007—2021）或发展年鉴。此外，与 GDP 相关的指标分别使用各省 GDP 平减指数和各省三次产业 GDP 平减指数做了价格处理，固定资产形成额用各省投资指数做了价格调整，出口额均统一使用全国口径的出口价格指数进行价格调整。因为黑龙江、青海和西藏在三次产业就业人数等数据上部分年份数据的缺失，所以本书仅使用 28 个省（直辖市）数据。

综上所述，结合整理的数据，可以得到各个变量的描述性统计结果，见表 3-2。

---

① 由于 2017 年之后天津等省份数据不可得，以固定资产投资额替代。
② 国有固定资产投资比重从一个方面反映了该地区的市场化水平和经济自由度（赵文哲，2008）。韩永辉（2017）也采用该指标度量市场化水平。

表 3-2　变量的描述性统计

变　量	观测值	平均值	标准误	最小值	最大值
r	392	−0.527 4	0.309 9	−1.651 1	−0.096 6
h	392	0.341 1	0.168 1	0.131 7	0.934 3
exp	392	0.223 2	0.081 2	0.087 4	0.461 7
exp_{sci}	392	0.004 3	0.002 7	0.001 3	0.014 3
exp_{eng}	392	0.006 7	0.003 6	0.000 8	0.019 5
exp_{edu}	392	0.036 7	0.013 2	0.017 6	0.076 2
exp_{yl}	392	0.016 4	0.007 4	0.003 9	0.041 1
exp_{sb}	392	0.029 1	0.012 4	0.005 8	0.066 5
exp_{cul}	392	0.004 3	0.002 5	0.001 5	0.036 0
exp_{g}	392	0.036 2	0.013 5	0.018 6	0.093 4
exp_{eco}	392	0.053 5	0.026 7	0.011 3	0.145 7
tax	392	0.172 0	0.096 6	0.076 8	0.556 8
hc	392	1.401 9	0.225 6	0.804 3	1.855 4
con	392	0.419 8	0.108 3	0.172 3	0.796 0
inv	392	0.728 3	0.238 8	0.210 0	1.342 2
exd	392	0.255 9	0.251 1	0.017 7	1.811 0

续表

变　　量	观测值	平均值	标准误	最小值	最大值
pgdp	392	2.839 3	1.358 7	0.787 8	6.972 9
market	392	0.732 2	0.103 9	0.465 6	0.905 0
finance	392	1.719 6	0.731 7	0.746 3	5.377 8

第二节　基本估计结果与分析

一、支出总量与结构影响产业结构转型升级的模型估计与结果分析

（一）财政支出规模与产业结构转型升级

由表 3-3 可以看到，产业结构的合理化和高度化均具有调整惯性，即 r 和 h 的一阶滞后项均对 r 和 h 具有显著解释作用，两者均在 1% 水平下通过显著性检验。财政支出也受到产业结构合理化与高度化显著作用，这进一步证明了模型设定的合理性。财政支出规模滞后一期对产业结构合理化具有反向作用，系数为 -0.416，通过 1% 水平下的显著性检验；对于产业结构高度化具有正向促进作用，通过 1% 水平下显著性检验，这样的结果恰恰证明了前面关于支出规模对产业结构转型升级效果不确定的论证。财政支出规模对产业结构合理化的反向作用可能是因为如下原因：其一，财政支出是政府介入产业结构转型升级的直接体现，政府在产业结构转型升级上的越位很有可能导致资源配置效率的降低，这正好符合本书关于产业结构合理化影响因素的分析；其二，不同产业对财政支出的"产出"存在差异。财政支出投向合理度影响产业结构转型升级的合理化水平，不合理的引导作用对于市场信号的扰动和挤出效

应都会使得合理化水平反向变化。例如，政府消费性支出是通过需求间接影响产业结构转型升级，经过多步传导至生产者，长链条传导过程中存在多种不确定性，包括厂商的最终判断都会使初衷被一定程度上扭曲。财政支出规模对产业结构高度化存在正向作用，说明财政支出对于生产率提升的效果较为显著。

表 3-3　财政支出总量与产业结构转型估计结果

变量	(1) r	(2) exp	(3) h	(4) exp
L.r	0.972***	0.040 7**		
	(0.023 9)	(0.019)		
r		−0.035 4		
		(0.123)		
L.h			0.943***	−0.058 9*
			(0.024 0)	(0.032)
h				0.056 1
				(0.143)
L.exp	−0.228**	0.893***	0.244***	0.888***
	(0.097 1)	(0.042 3)	(0.068 7)	(0.045 1)
inv	0.038 1**	0.004 04	−0.085 6***	0.008 35
	(0.016 0)	(0.006 54)	(0.010 8)	(0.013 1)
con	−0.048 7		−0.030 3	
	(0.060 9)		(0.041 4)	

变量	(1)	(2)	(3)	(4)
	r	exp	h	exp
exd	0.024 3		−0.026 9*	
	(0.022 2)		(0.016 3)	
hc	−0.058 0**		0.029 6*	
	(0.025 8)		(0.017 9)	
$pgdp$	−0.048 8**	−0.023 7***	0.051 5***	−0.020 3***
	(0.022 3)	(0.006 13)	(0.013 7)	(0.006 87)
$market$	−0.035 4	−0.040 3***	−0.009 84	−0.035 8***
	(0.047 5)	(0.013 5)	(0.033 8)	(0.013 7)
$finance$	0.007 82	0.003 49	−0.008 81	0.004 93
	(0.008 17)	(0.003 09)	(0.005 71)	(0.003 55)
tax		0.042 4*		0.039 3
		(0.024 6)		(0.024 9)
$Constant$	0.615**	0.285***	−0.447***	0.240***
	(0.268)	(0.065 7)	(0.160)	(0.060 2)
$Observations$	252	252	252	252
R-squared	0.970	0.964	0.957	0.964

注：***$p<0.01$，**$p<0.05$，*$p<0.1$ 代表显著性水平，括号内为标准误。

再看其他变量。其一，物质资本水平、人力资本水平、出口需求、经济发展水平、市场化程度、金融发展水平对产业结构合理化的作用方向和对高度化的作用方向均相异。因此，在进行财政支出政策制定时，应该考虑这些因素对产业结构合理化与高度化的作用，并考虑地区间的差异，具体情况具体分析，科学作出决策。其二，出口对于产业结构高度化的反向作用应该引起人们对现有出口政策的思考，以提高出口退税等政策的科学性和时效性。其三，投资需求对于产业结构合理化正向作用显著，对于产业结构高度化反向作用显著。投资需求中实际包含政府投资，因此要特别注意政府支出方式的选择，要注意购买性支出与转移支付支出比例及购买性支出中的消费性支出和投资性支出比例。其四，市场化水平反向作用于产业合理化且作用效果并不显著，这在一定程度上说明我国市场经济的决定性作用尚需加强，政府角色定位仍需更加明晰，对于非国有经济的引入和国有经济的改革需要继续探索有效机制。

（二）财政支出结构与产业结构转型升级

财政支出结构能影响产业结构转型升级。首先来看财政各项支出对产业结构合理化的影响。由理论分析可知，科技支出和节能环保支出主要影响产业结构高度化，因此在合理化中并未将其纳入方程。由表 3-4 可知，其一，民生性支出中的教育支出、社会保障与就业支出和医疗卫生与计划生育支出均正向作用于产业结构合理化发展，且后两项支出均在 1% 水平上通过显著性检验，这在一定程度上说明这三项支出的增加有利于资源的合理配置。其二，行政管理和国防支出通过 1% 水平上的显著性检验，反向作用于产业结构合理化水平，这与第一章中的理论分析结果一致。然而，这类支出同市场化程度和经济发展水平成反向作用关系，这在一定程度上说明这类支出是国家运行的必要支出，具有刚性，应保持一定支出水平。其三，经济发展支出通过 5% 水平下显著性检验，反向作用于产业结构合理化发展。这一结果可能与政府过多的介入市场有关，这与贾敬全和殷李松（2015）的分析结果一致。

财政各项支出对于产业结构高度化的作用见表 3-4，其一，特别需要说明的是科技支出和节能环保支出。这两项支出中科技支出对于产业结构高度化的反向作用与理论预期不一致，这很有可能是因为从科技投入到科技产出的环节出现了问题，科研成果转化为生产力的能力还有待提升。节能环保支出在 1% 水平上通过了显著性检验，这在一定程度上说明了我国近些年来在节能环保方面的努力初见成效。其二，增加财政的基本公共服务等支出有利于产业结构高度化水平提高。其三，民生类支出除了文化体育与传媒支出对产业结构高度化为正向作用，其他支出均为反向作用。文化体育与传媒支出之所以对产业结构高度化有正向作用，很有可能是因为这项支出可营造良好环境和发展第三产业，带动高生产率类型企业。教育支出对产业结构高度化具有反向作用，但是这并不能否定该项支出对于产业结构高度化的积极作用。理论上教育支出应该正向作用于产业结构，此处为反向作用很有可能与教育的流动性和教育支出的使用效率有关。此外，教育支出和科技支出对产业结构高度化的积极作用，还可以通过人力资本对于产业结构高度化的正向显著作用来体现。此处需针对暴露的问题，进一步完善教育支出的内部支出结构，提高其使用效率。社会保障和医疗卫生类支出需要这类高支出水平的原因往往是生产相对落后、市场化程度不高等。

表3-4　财政支出结构与产业结构转型估计结果

变量	(1) r	(2) exp_g	(3) exp_edu	(4) exp_cul	(5) exp_sb	(6) exp_yl	(7) exp_eco	(8) h	(9) exp_g	(10) exp_edu	(11) exp_cul	(12) exp_sb	(13) exp_yl	(14) exp_sci	(15) exp_eng	(16) exp_eco
L.r	0.912***	-0.000 217	0.066 0***	0.006 02*	-0.021 3	-0.000 758	0.069 8*									
	(0.026 3)	(0.018 2)	(0.022 5)	(0.003 09)	(0.015 1)	(0.006 67)	(0.035 7)									
L.h								0.915***	0.024 9*	-0.033 9**	-0.003 54	0.043 2***	0.009 73	0.002 42	0.002 89	-0.034 7
								(0.023 0)	(0.014 8)	(0.015 3)	(0.002 65)	(0.014 8)	(0.006 14)	(0.002 72)	(0.005 17)	(0.025 0)
L.exp_g	-2.517***	0.931***						2.506***	0.955***							
	(0.679)	(0.045 5)						(0.463)	(0.033 2)							
L.exp_edu	1.739***		0.705***					-2.132***		0.784***						
	(0.675)		(0.046 4)					(0.531)		(0.036 9)						
L.exp_cul	0.856			0.787***				-5.665**			0.809***					
	(2.625)			(0.036 6)				(2.395)			(0.034 2)					
L.exp_sb	0.430				0.874***			0.098 6				0.897***				
	(0.390)				(0.031 2)			(0.328)				(0.030 5)				

续表

变量	(1) r	(2) exp_g	(3) exp_edu	(4) exp_cul	(5) exp_sb	(6) exp_yl	(7) exp_eco	(8) h	(9) exp_g	(10) exp_edu	(11) exp_cul	(12) exp_sb	(13) exp_yl	(14) exp_sci	(15) exp_eng	(16) exp_eco
$L.exp\_yl$	-4.268***					0.777***		4.322***					0.781***			
	(1.124)					(0.032 4)		(1.027)					(0.033 5)			
$L.exp\_eco$	-0.302						0.826***	0.041 8								0.887***
	(0.301)						(0.039 0)	(0.230)								(0.030 5)
inv	0.040 6***	-0.000 626	0.003 73***	0.000 448**	0.001 54*	0.001 78***	0.003 46	-0.070 7***	-0.002 28*	0.003 88***	0.000 552***	-0.001 12	0.001 14*	-7.06e-05	-2.70e-05	0.002 49
	(0.014 9)	(0.000 752)	(0.001 33)	(0.000 178)	(0.000 843)	(0.000 455)	(0.002 39)	(0.010 2)	(0.001 24)	(0.001 46)	(0.000 248)	(0.001 34)	(0.000 654)	(0.000 237)	(0.000 478)	(0.002 69)
con	0.021 8							-0.015 4								
	(0.034 8)							(0.028 6)								
exd	0.007 40							-0.017 2								
	(0.015 1)							(0.012 7)								
hc	-0.022 9							0.024 9*								
	(0.017 2)							(0.012 9)								

续表

变量	(1) r	(2) exp_g	(3) exp_edu	(4) exp_cul	(5) exp_sb	(6) exp_yl	(7) exp_eco	(8) h	(9) exp_g	(10) exp_edu	(11) exp_cul	(12) exp_sb	(13) exp_yl	(14) exp_sci	(15) exp_eng	(16) exp_eco
pgdp	-0.037 8*	-0.001 79*	-0.006 12***	-0.000 351	-0.003 81***	-0.003 78***	-0.008 54***	0.081 0***	-0.001 65	-0.006 81***	-0.000 487***	-0.002 22**	-0.003 92***	0.000 159	-0.000 472*	-0.005 84***
	(0.020 9)	(0.001 00)	(0.001 62)	(0.000 218)	(0.001 22)	(0.000 556)	(0.002 41)	(0.015 9)	(0.001 09)	(0.001 24)	(0.000 156)	(0.000 942)	(0.000 538)	(0.000 155)	(0.000 287)	(0.001 80)
market	-0.039 8	0.000 302	-0.006 11	-0.000 880	-0.005 20*	-0.001 20	-0.021 1***	0.009 65	-0.000 995	-0.005 20	-0.000 768	-0.006 40**	-0.002 06	2.99e-05	-0.002 47**	-0.017 5***
	(0.048 1)	(0.002 78)	(0.004 01)	(0.000 587)	(0.003 07)	(0.001 23)	(0.005 91)	(0.034 3)	(0.002 89)	(0.003 33)	(0.000 591)	(0.003 24)	(0.001 26)	(0.000 592)	(0.001 05)	(0.005 09)
finance	0.015 2*	-0.000 180	0.001 37	0.000 330**	0.001 14*	0.001 15***	0.001 64	-0.008 14	-0.000 290	0.000 830	0.000 297**	0.001 07	0.001 03***	0.000 212	0.000 578**	0.001 79
	(0.008 02)	(0.000 577)	(0.000 842)	(0.000 139)	(0.000 688)	(0.000 319)	(0.001 29)	(0.006 66)	(0.000 592)	(0.000 745)	(0.000 136)	(0.000 716)	(0.000 318)	(0.000 139)	(0.000 242)	(0.001 18)
r		-0.000 360	-0.070 3***	-0.006 30**	0.023 2	0.000 672	-0.070 7*									
		(0.019 4)	(0.023 0)	(3.003 16)	(0.015 3)	(0.006 82)	(0.036 7)									
tax		0.006 70	0.011 8*	0.000 499	0.002 55	0.002 09	0.005 22		0.004 50	0.007 40	0.000 194	0.003 08	0.001 68	0.002 15*	-0.000 666	0.001 12
		(0.004 38)	(0.005 50)	(0.000 973)	(0.005 09)	(0.002 26)	(0.009 13)		(0.004 63)	(0.005 86)	(0.001 04)	(0.005 47)	(0.002 34)	(0.001 25)	(0.001 90)	(0.009 33)
L.exp_sci								1.578						0.848***		

117

续表

变量	(1)	(2)	(3)	(4)	(5)	(6)	(7)	(8)	(9)	(10)	(11)	(12)	(13)	(14)	(15)	(16)
	r	exp_g	exp_edu	exp_cul	exp_sb	exp_yl	exp_eco	h	exp_g	exp_edu	exp_cul	exp_sb	exp_yl	exp_sci	exp_eng	exp_eco
L.exp_eng															0.829***	0.033 6
								(1.833)						(0.047 0)	(0.032 2)	(0.026 7)
h								1 637*	-0.023 9	0.040 1**	0.004 18	-0.046 5***	-0.008 80	-0.002 45	-0.003 81	
								(0.877)	(0.016 0)	(0.016 1)	(0.002 80)	(0.015 5)	(0.006 56)	(0.002 85)	(0.005 42)	
Constant	0.427*	0.018 8*	0.068 6***	0.004 09*	0.043 1***	0.039 2***	0.107***	-0.82***	0.019 6*	0.070 8***	0.004 92***	0.031 6***	0.041 7***	-0.001 47	0.007 57***	0.075 2***
	(0.240)	(0.011 1)	(0.017 2)	(0.002 29)	(0.013 1)	(0.005 67)	(0.025 3)	(0.176)	(0.010 9)	(0.012 0)	(0.001 43)	(0.008 97)	(0.004 83)	(0.001 39)	(0.002 61)	(0.016 4)
Observations	252	252	252	252	252	252	252	252	252	252	252	252	252	252	252	252
R-squared	0.970	0.954	0.867	0.861	0.902	0.948	0.921	0.961	0.948	0.917	0.869	0.892	0.948	0.926	0.888	0.946

注：***$p<0.01$，**$p<0.05$，*$p<0.1$ 代表显著性水平，括号内为标准误。

二、稳健性检验

为增加实证的可信度，本书继续采用两种方式进行稳健性检验。第一，改变样本的空间容量，将样本划分为东部与中西部[①]两个子样本进行回归，检测模型参数系数空间变化的稳健性。第二，改变因变量中产业结构合理化和高度化的衡量指标。采用综合泰尔指数 $tr2$（韩永辉等，2017；吕明元、陈维宣，2016）作为本书产业结构合理化指标 r 的替代变量，采用标准化的劳动生产率 hl（刘伟等，2008）作为本书高度化 h 的替代变量[②]，检验选取的产业结构转型升级指标是否代表性。结果均证实了本书实证部分的可靠性。具体检验分别从总量和结构两方面进行，具体见表 3-5 至表 3-8。

（一）财政支出总量对产业结构转型升级作用的稳健性检验

首先是改变样本容量的稳健性检验。由表 3-5 可知，改变样本容量后核心解释变量的符号完全一致，控制变量的符号也几乎一致。因此，结果较为稳健。

---

① 我国西部地区包括内蒙古、广西、四川、重庆、贵州、云南、陕西、甘肃、宁夏、新疆共 10 个省（自治区、直辖市）；中部地区主要包括山西、吉林、安徽、江西、河南、湖北、湖南共 7 个省；东部地区则包括北京、天津、河北、辽宁、上海、江苏、浙江、福建、山东、广东和海南共 11 个省（直辖市）。考虑到样本容量问题及地区间差异，将东西部进行合并，一同考虑。此处的分类不同于《中国统计年鉴》中关于东部、中部、西部和东北地区的分类。

② 替代变量的选取参考干春晖等（2011）发表于《经济研究》上的文章《中国产业结构变迁对经济增长和波动的影响》。

表 3-5　改变样本容量的稳健性检验

变量	(1) 全国	(3) 东部	(5) 中西部	(1) 全国	(3) 东部	(5) 中西部
	r	r	r	h	h	h
L.r	0.946***	0.869***	0.909***			
	(0.021 8)	(0.049 7)	(0.035 2)			
L.h				0.891***	0.760***	0.811***
				(0.027 5)	(0.044 3)	(0.056 0)
L.exp	-0.416***	-0.804***	-0.569***	0.504***	0.621***	0.482***
	(0.068 0)	(0.162)	(0.078 3)	(0.024 0)	(0.071 5)	(0.027 8)
inv	0.061 7***	0.098 7***	0.060 5***	-0.105***	-0.158***	-0.093 9***
	(0.013 7)	(0.023 7)	(0.022 5)	(0.008 75)	(0.021 3)	(0.011 3)
con	-0.014 6	-0.030 7	-0.013 4	0.013 6	0.011 1	0.007 02
	(0.013 3)	(0.046 8)	(0.118)	(0.013 1)	(0.024 8)	(0.043 6)
exd	0.002 03	-0.004 65	0.005 56	-0.002 96	0.007 75	-0.009 02
	(0.008 01)	(0.016 2)	(0.046 9)	(0.009 02)	(0.007 76)	(0.021 7)
hc	-0.003 26	-0.011 0	0.001 40	0.006 56	0.026 1	0.003 76
	(0.016 7)	(0.030 5)	(0.012 5)	(0.012 3)	(0.020 0)	(0.014 9)
pgdp	-0.008 44	0.000 378	0.001 10	0.021 0***	0.020 4***	0.023 8***
	(0.006 28)	(0.007 69)	(0.015 9)	(0.003 90)	(0.005 91)	(0.007 13)
market	-0.073 1	-0.145*	0.000 236	0.100***	0.026 7	0.034 6
	(0.048 1)	(0.074 8)	(0.091 0)	(0.027 5)	(0.054 9)	(0.046 4)
finance	0.018 8***	0.030 6***	0.062 7**	-0.022 5***	-0.012 3**	-0.047 3***

续表

变量	(1) 全国	(3) 东部	(5) 中西部	(1) 全国	(3) 东部	(5) 中西部
	r	r	r	h	h	h
	(0.006 99)	(0.009 31)	(0.025 6)	(0.004 19)	(0.005 41)	(0.012 6)
Observations	252	99	153	252	99	153
R-squared	0.968	0.981	0.935	0.945	0.965	0.768

注：***$p<0.01$，**$p<0.05$，*$p<0.1$ 代表显著性水平，括号内为标准误。

其次是改变因变量的稳健性检验。改变因变量的估计结果核心变量完全一致，控制变量符号近乎完全一致，说明因变量的选取具有可靠性。

表 3-6　改变因变量的稳健性检验

变量	(1) r	(3) $tr2$	(1) h	(5) hl
L.r	0.946***			
	(0.021 8)			
L.tr2		0.729***		
		(0.041 3)		
L.h			0.891***	
			(0.027 5)	
L.th4				
L.hl				0.849***
				(0.031 9)

121

续表

变量	(1)	(3)	(1)	(5)
	r	$tr2$	h	hl
$L.exp$	−0.416***	−0.278***	0.504***	1.102***
	(0.068 0)	(0.029 8)	(0.024 0)	(0.046 6)
inv	0.061 7***	0.024 5***	−0.105***	−0.166***
	(0.013 7)	(0.006 74)	(0.008 75)	(0.018 3)
con	−0.014 6	−0.009 75	0.013 6	0.018 6
	(0.013 3)	(0.009 76)	(0.013 1)	(0.043 6)
exd	0.002 03	0.001 84	−0.002 96	−0.005 84
	(0.008 01)	(0.008 02)	(0.009 02)	(0.018 0)
hc	−0.003 26	−0.001 93	0.006 56	0.013 2
	(0.016 7)	(0.008 27)	(0.012 3)	(0.025 1)
$pgdp$	−0.008 44	0.002 68	0.021 0***	0.065 4***
	(0.006 28)	(0.003 22)	(0.003 90)	(0.010 2)
$market$	−0.073 1	0.003 15	0.100***	0.208***
	(0.048 1)	(0.024 1)	(0.027 5)	(0.062 5)
$finance$	0.018 8***	0.013 8***	−0.022 5***	−0.032 7***
	(0.006 99)	(0.003 50)	(0.004 19)	(0.010 1)
$Observations$	252	252	252	252
$R\text{-}squared$	0.968	0.905	0.945	0.965

注：***$p<0.01$，**$p<0.05$，*$p<0.1$ 代表显著性水平，括号内为标准误。

（二）财政支出结构对产业结构转型升级作用的稳健性检验

首先是改变样本容量的稳健性检验，结果见表3-7。由于本书重点关注各项支出对产业结构的影响，故此处未列示其他等式和控制变量的信息。看财政各项支出对产业结构合理化的影响，中西部地区与东部地区差异较大。这主要是由于东部地区相对经济发展水平和市场化程度都较高，资源配置基础条件较好，也与东部地区样本相对较少，结果可能存在不稳定有关。可以看到财政支出结构对于产业结构高度化的作用就比合理化与全国拟合度好很多，但相相比较而言，仍旧是中西部的拟合度更高。

表3-7　改变样本容量的稳健性检验

变量	(1) r	(8) r 东部	(15) r 中西部	(1) h	(10) h 东部	(19) h 中西部
$L.r$	0.948***	0.950***	0.885***			
	(0.022 2)	(0.047 8)	(0.034 7)			
$L.h$				0.869***	0.925***	0.775***
				(0.027 8)	(0.050 7)	(0.052 7)
$L.exp\_g$	-0.668***	0.106	-0.463**	0.469***	0.097 8	0.525***
	(0.097 8)	(0.105)	(0.190)	(0.081 6)	(0.067 5)	(0.123)
$L.exp\_edu$	0.086 5	-0.007 78	0.063 2	-0.254***	-0.314	-0.223**
	(0.069 3)	(0.160)	(0.175)	(0.085 2)	(0.197)	(0.096 0)
$L.exp\_cul$	-0.857***	-0.647	1.099**	0.085 2	0.383	-1.086***
	(0.201)	(0.399)	(0.445)	(0.188)	(0.338)	(0.314)
$L.exp\_sb$	0.269***	-0.201	0.583***	-0.094 7**	0.317***	-0.246***
	(0.040 9)	(0.127)	(0.117)	(0.038 4)	(0.106)	(0.075 2)

续表

变量	(1) r	(8) r 东部	(15) r 中西部	(1) h	(10) h 东部	(19) h 中西部
L.exp_yl	0.577***	1.561***	-0.397**	-0.661***	-0.827***	-0.552***
	(0.124)	(0.409)	(0.202)	(0.062 6)	(0.134)	(0.105)
L.exp_sci				-0.832***	-0.213	-2.275***
				(0.154)	(0.185)	(0.282)
L.exp_eng				0.497***	-0.663***	0.882***
				(0.069 3)	(0.092 4)	(0.160)
L.exp_eco	-0.170**	0.269**	-0.433***	-0.056 3**	-0.147***	0.008 38
	(0.075 7)	(0.115)	(0.106)	(0.027 9)	(0.028 0)	(0.047 5)
Observations	252	99	153	252	99	153
R-squared	0.967	0.976	0.940	0.954	0.957	0.815

注：***$p<0.01$，**$p<0.05$，*$p<0.1$ 代表显著性水平，括号内为标准误。

其次是改变因变量的稳健性检验，结果见表 3-8。改变因变量的估计结果中符号完全一致，说明因变量的选取具有可靠性。

表 3-8　改变因变量的稳健性检验

变量	(1) r	(8) tr2	(1) h	(19) hl
L.r	0.948***			
	(0.022 2)			
L.tr2		0.757***		
		(0.043 4)		

变量	(1) r	(8) tr2	(1) h	(19) hl
L.h			0.869***	
			(0.027 8)	
L.th4				
L.hl				0.808***
				(0.027 8)
L.exp_g	−0.668***	−0.606***	0.469***	0.661***
	(0.097 8)	(0.063 6)	(0.081 6)	(0.108)
L.exp_edu	0.086 5	0.223***	−0.254***	−0.436***
	(0.069 3)	(0.076 0)	(0.085 2)	(0.141)
L.exp_cul	−0.857***	−0.022 4	0.085 2	0.450
	(0.201)	(0.202)	(0.188)	(0.491)
L.exp_sb	0.269***	0.103***	−0.094 7**	−0.068 5
	(0.040 9)	(0.036 3)	(0.038 4)	(0.071 7)
L.exp_yl	0.577***	0.488***	−0.661***	−1.064***
	(0.124)	(0.065 5)	(0.062 6)	(0.130)
L.exp_eco	−0.170**	−0.066 4**	−0.056 3**	0.065 1
	(0.075 7)	(0.032 7)	(0.027 9)	(0.058 6)
L.exp_sci			−0.832***	−1.874***
			(0.154)	(0.501)
L.exp_eng			0.497***	1.850***

	(1)	(8)	(1)	(19)
变量	r	$tr2$	h	hl
			(0.069 3)	(0.260)
Observations	252	252	252	252
R-squared	0.967	0.891	0.954	0.975

注：***p<0.01，**p<0.05，*p<0.1 代表显著性水平，括号内为标准误。

第四章 我国税收影响产业结构转型升级的实证分析

第一节　模型的设定与变量的说明

一、面板门限模型的设定

线性假设的传统模型可能会忽略经济发展水平等方面的异质性所导致的非线性关系（刘建民等，2014）。本书将参考 Hansen（1999，2000，2004）研究方法，利用面板门限模型识别税收政策对产业结构的非线性作用效果。门限模型实质上就是寻求某一变量可能存在的跳跃点，据此将数据进行分段处理，在不同的区间分别进行回归。由前面的理论分析可知，税收对产业结构转型升级的作用主要是通过引导、收入和替代效应进行的，是通过影响微观主体的经济行为发挥作用的。在不同的经济发展水平下，整体的经济环境和微观主体对于税收的承受程度会不会影响产业结构转型升级？基于以上考虑，本书将经济发展水平设为门限变量，利用面板门限模型研究税收政策在不同经济发展水平下对产业结构的作用效果。首先设定如式（4-1）所示的单门限模型。通过门限检验确定门限个数后，若存在多门限效应，则可将该单门限模型拓展为多门限模型。

$$instru_{it}=\alpha_1+\alpha_2 inv_{it}+\alpha_3 con_{it}+\alpha_4 exd_{it}+\alpha_5 hc_{it}+\alpha_6 pgdp_{it}+\alpha_7 market_{it}+\alpha_8 finance_{it}+\alpha_9 tax_{it}I(th<\gamma)+\alpha_{10}tax_{it}I(th\geq\gamma)+\varepsilon_{it} \tag{4-1}$$

式中：i 表示个体，t 表示时间。同上一节模型一样，采用 28 个省 2007—2021 年数据。$instru$ 表示产业结构转型升级，本书主要使用 r（产业结构合理化）和 h（产业结构高度化）来衡量。tax 表示税收政策，其又可以分为税收总规模和税收结构。th 为门限变量，γ 为待估门限值，$It(\cdot)$ 为指示性函数，当满足函数条件时值为 1，否则为 0。本书设定经济发展水平 $pgdp$ 为门限变量。

二、变量的选择与数据来源

各指标的具体含义和计算与前一节类似，指标选取与计算方法均参考了现有文献。此处的产业结构合理化和高度化指标及投资、居民消费需求、出口、人力资本、经济发展水平、市场化程度、金融发展水平均与第一节相同，所以在此仅对税收结构部分进行说明。

税收结构从两个角度进行分类。其一，依据税类性质分为流转税收入 tax_c 与所得税收入 tax_i。本书使用的数据为 2007—2020 的数据，因此不用做"营改增"调整。两者均以相对值衡量，计算公式分别为（增值税收入 + 营业税收入 + 消费税税收收入）/GDP 和（企业所得税 + 个人所得税）/GDP。其二，依据三次产业分为第一产业税收收入 tax_1、第二产业税收收入 tax_2 和第三产业税收收入 tax_3，它们也都用相对值（各产业的税收收入比各产业的增加值）进行衡量，即中观层面的产业税负。考虑到第一产业税负在 2006 年农业税制进行调整后对于产业结构转型升级的作用不能很好地体现，故结构部分只考虑第二、第三产业的税负水平。曹海娟（2012）、罗富政和罗能生（2016）在研究产业税负与产业和产业结构关系时，也都未将第一产业税负纳入。

各指标数值均来源于 2007—2016 年各省统计年鉴或发展年鉴。由于《中国税务年鉴》目前只能获取到 2021 年以前数据，故数据仅更新至 2020 年。与 GDP 相关的指标分别使用各省 GDP 平减指数和各省三次产业 GDP 平减指数做了价格处理，$finance$ 相应做了价格和汇率的调整，固定资产形成额用各省投资指数做了价格调整，各省出口额统一用全国口径出口价格指数进行价格调整，得到的变量描述性统计结果见表 4-1。

表4-1 变量的描述性统计

变 量	观测值	平均值	标准误	最小值	最大值
r	252	−0.605 566 2	0.304 056 1	−1.537 386 0	−0.033 112 4
h	252	0.410 161 8	0.142 878 7	0.170 050 9	0.826 772 9
tax_1	252	0.172 988 5	0.100 578 8	0.000 201 0	0.556 831 0
tax_2	252	0.201 295 6	0.109 598 5	0.081 425 7	0.670 573 3
tax_3	252	0.184 123	0.102 269	0.077 705	0.608 110
tax_c	252	0.103 879	0.050 342	0.051 217	0.323 565
tax_i	252	0.044 990	0.052 348	0.015 368	0.330 516
hc	252	1.423 612 0	0.223 503 1	0.829 135 4	1.858 254 0
con	252	0.318 904 8	0.066 185 5	0.193 399	0.549 560 5
inv	252	0.827 400 1	0.331 130 0	0.312 206 50	2.270 181 0
exd	252	0.232 946 8	0.236 846 0	0.017 681 4	0.981 735 8
$pgdp$	252	2.737 102 0	1.362 242 0	0.787 800 0	6.292 942 0
$market$	252	0.708 502 1	0.096 780 8	0.465 586 5	0.885 507 3
$finance$	252	1.624 834 0	0.732 644 5	0.746 337 4	5.586 586 0

第二节 基本估计结果与分析

一、税收总量影响产业结构转型升级的模型估计与结果分析

（一）门限估计的显著性检验

本书使用平衡的短面板数据，选取经济发展水平作为门限变量，通

我国财政政策的产业结构转型效应研究

过 300 次的 BS 方法模拟出 F 值，以检验门限估计的显著性，为下一步门限回归确定参数位置（表 4-2）。

表 4-2 税收总量的面板门限估计显著性检验

被解释变量	产业结构合理化 r			产业结构高度化 h		
核心解释变量	总税收收入（或宏观税负）tax			总税收收入（或宏观税负）tax		
门限变量	经济发展水平 $pgdp$			经济发展水平 $pgdp$		
门限数	单一	双重	三重	单一	双重	三重
F 值	39.59***	58.03**	7.74	78.20***	23.80	21.30
1%	37.140 8	61.594 5	0.810 0	42.273 1	75.703 9	86.755 5
5%	26.988 5	44.978 4	94.666 0	30.694 2	58.001 1	54.707 7
10%	22.639 4	30.068 1	55.733 4	25.900 7	37.843 9	39.758 0
P 值	0.010 0	0.020 0	34.549 5	0.000 0	0.210 0	0.200 0
门限估计值	9.146 4	th-21=9.146 4 th-22=9.796 4	9.625 2	9.146 4	th-21=9.146 4 th-22=10.950 2	10.732 3

注：***$p<0.01$，**$p<0.05$，*$p<0.1$ 代表显著性水平。表中的 F 值和临界值均为采用反复自抽样得到的结果。

由表 4-2 可知，在以经济发展水平为门限变量的情况下，依据式（4-1）依次进行单一、双重和三重门限检验，结果显示在 5% 的显著性水平下税收总量对产业结构合理化存在双重门限效应。因为在检验是否存在单一门限效应时接受了存在单一门限模型的假设，拒绝了为线性模型的原假设；在做双重门限效应检验时，接受存在双重门限效应的备择假设，拒绝了存在单一门限效应的原假设；在做三重门限效应检验时，接受了存在双重门限效应的原假设。同理，税收总量对产业结构高度化存在单一门限效应。

（二）门限模型参数估计及结果分析

在门限效应显著性检验的基础上，运用门限回归方法，以经济发展水平为门限变量，估计税收总量对产业结构合理化和高度化的门限效应。具体门限回归结果见表4-3。

表4-3　税收总量影响产业结构转型升级门限模型参数估计结果

变量	（1） r	（2） h
inv	0.158***	−0.007 19
	(0.024 6)	(0.020 1)
con	0.142	0.122
	(0.107)	(0.089 1)
exd	0.265***	−0.154**
	(0.075 4)	(0.062 9)
hc	−0.077 5	−0.140**
	(0.070 4)	(0.057 4)
$market$	0.126	0.073 2
	(0.132)	(0.110)

变量	（1）	（2）
	r	h
finance	0.058 6**	0.096 8***
	（0.027 4）	（0.022 5）
pgdp	0.196***	0.329***
	（0.069 7）	（0.057 6）
tax（*pgdp* ＜ 9.146 4）	2.514***	−1.010***
	（0.360）	（0.274）
tax（9.146 4≤ *pgdp* ＜ 9.796 4）	0.627**	0.719***
	（0.249）	（0.184）
tax（*pgdp*≥ 9.796 4）	−0.198	0.719***
	（0.221）	（0.184）
Constant	−2.905***	−2.892***
	（0.714）	（0.593）
Observations	252	252
R-squared	0.609	0.625
Number of id	28	28

注：***p ＜ 0.01，**p ＜ 0.05，*p ＜ 0.1 代表显著性水平，括号内为标准误。由于税收总量对产业结构高度化仅存在单门限效应，且与合理化的第一个门限值相同，为了将结果合并在一个表内，此处形式上将 *tax* 对高度化大于门限值的估计值配合表格写成了一样的两部分。

由表 4-3 可以知道，总税收收入对产业结构合理化存在先正向后反向的作用。当实际人均国内生产总值低于门限值时，总税收收入增加有利于产业结构合理化水平提升；当实际人均国内生产总值介于双门限值之间时，总税收对产业结构合理化仍具有正向有效性，但是有效系数变小；当实际人均国内生产总值高于高门限值时，总税收收入增加对产业结构合理化的作用变为反向作用。结合经济发展水平来考虑，在经济发展水平相对较低时，财政收入的增加会增加政府性资金的可支配性，有利于资源的更优配置。当经济发展水平超过某一水平时，市场对资源配置的决定性作用更为凸显。将 *tax* 理解为税负时，这一实证结果符合前面关于税负与产业结构合理化水平的分析，当税负超过某一门限值后，则税负反作用于产业结构合理化。此反向作用虽不显著，但也证明了经济发展水平提升对税收政策中性要求的合理性，过高的税负对于价格的扭曲会影响资源配置效率。

总税收收入对产业结构高度化存在先反向后正向作用。当实际人均国内生产总值低于门限值，总税收收入增加不利于产业结构高度化；当实际人均国内生产总值越过这一水平时，则对产业结构高度化产生正向作用，这可以通过税收的增加可以增加支出规模的弹性，而在第一节实证得到财政支出会对产业结构高度化产生正向显著性作用的结论。这一结果与毛军和刘建民（2014）得到的结论一致。也就是说，可能存在这样一个现象：经济发展水平超过门限值时，宏观税负的增加利于产业结构高度化，不利于产业结构合理化；经济发展水平在门限值以下时则相反。

在控制变量中，投资对产业结构合理化具有显著推动力，但是要权衡其对于高度化的反向作用。这更进一步说明，任何政策的设计都需要从多个角度进行考量，税收政策也是如此。这与本章第一节中的结果完全一致。消费需求对产业结构的影响是间接的，对合理化和高度化的作用均未通过显著性检验，与本章第一节的结论一致。出口对于产业结构高度化的显著的反向作用应引起人们对出口退税等政策的思考。人力资本对于产业结构高度化的反向作用并不能成为否认人力资本作用的理由，只能说明我国人力资本需要在数量提升的基础上更加注重人力资本内部结构的优化。而这与本章第一节中人力资本能较为有效地促进产业结构高度化的结论不一致，这很可能是核心解释变量对其产生了影响。经济发展水平和市场化、金融发展程度的加深都能对产业结构产生正向作用，与之前的理论分析结果一致。

二、产业税负和具体税类的产业结构转型升级的模型估计与结果分析

（一）门限估计的显著性检验

与总量分析同理，在以 *pgdp* 为门限变量的前提下，税收结构中流转税收入和所得税收入对产业结构合理化在 5% 的显著性水平下存在单一门限效应，门限值为 9.146 4；对产业结构高度化在 10% 的显著性水平下存在双重门限效应，门限值为 9.146 4 和 10.732 3。第二、三产业税负对产业结构合理化存在双重门限效应，门限值为 9.146 4 和 9.796 4；对产业结构高度化存在单一门限效应，门限值为 9.146 4。三次产业税负与宏观税负的门槛一样。

（二）门限模型参数估计及结果分析

在门限效应显著性检验的基础上，运用门限回归方法，以经济发展水平为门限变量，研究两种划分标准下税收结构对产业结构合理化和高度化的门限效应。具体门限回归结果见表 4-4。

表4-4　税收结构影响产业结构转型升级门限模型参数估计结果

变量	（1） r	（2） h	（3） r	（4） h
inv	0.112***	−0.008 49	0.159***	3.11e−05
	（0.026 7）	（0.019 2）	（0.025 4）	（0.020 3）
con	0.236*	0.219***	0.113	0.162*
	（0.121）	（0.083 1）	（0.109）	（0.089 6）
exd	0.250***	−0.163***	0.249***	−0.152**
	（0.081 2）	（0.057 3）	（0.076 6）	（0.062 6）
hc	−0.009 49	−0.153***	−0.044 6	−0.143**
	（0.075 3）	（0.051 3）	（0.070 9）	（0.057 0）
market	0.218	−0.108	0.236*	−0.041 7
	（0.143）	（0.099 0）	（0.141）	（0.114）
finance	0.100***	0.085 1***	0.085 3***	0.075 2***
	（0.031 6）	（0.022 3）	（0.029 8）	（0.023 9）
pgdp	0.113	0.372***	0.232***	0.312***
	（0.074 9）	（0.054 7）	（0.076 3）	（0.061 4）
tax_c （$pgdp < 9.146\ 4$）	−23.90**	−2.814		
	（9.310）	（6.343）		
tax_c （$9.146\ 4 \leqslant pgdp < 10.732\ 3$）	0.222	1.911***		
	（0.585）	（0.448）		
tax_c （$pgdp \geqslant 10.732\ 3$）	0.222	2.369***		
	（0.585）	（0.429）		

变量	（1） r	（2） h	（3） r	（4） h
tax_i（$pgdp < 9.146\,4$）	71.36***	10.04		
	(25.51)	(17.35)		
tax_i（$9.146\,4 \leqslant pgdp$ $< 10.732\,3$）	−1.616***	4.668***		
	(0.582)	(0.917)		
tax_i（$pgdp \geqslant 10.732\,3$）	−1.616***	0.934**		
	(0.582)	(0.438)		
tax_2（$pgdp < 9.146\,4$）			2.952*	−0.004\,71
			(1.625)	(1.339)
tax_2（$9.146\,4 \leqslant pgdp$ $< 9.796\,4$）			0.230	0.644***
			(0.251)	(0.162)
tax_2（$pgdp \geqslant 9.796\,4$）			−0.361*	0.644***
			(0.201)	(0.162)
tax_3（$pgdp < 9.146\,4$）			−2.583	−0.324
			(2.543)	(2.100)
tax_3（$9.146\,4 \leqslant pgdp$ $< 9.796\,4$）			−0.197	0.525***
			(0.262)	(0.161)
tax_3（$pgdp \geqslant 9.796\,4$）			−0.158	0.525***
			(0.202)	(0.161)

变量	（1）	（2）	（3）	（4）
	r	h	r	h
Constant	−2.233***	−3.419***	−3.336***	−2.726***
	（0.773）	（0.556）	（0.784）	（0.629）
Observations	252	252	252	252
R-squared	0.546	0.716	0.613	0.635
Number of id	28	28	28	28

注：***$p < 0.01$，**$p < 0.05$，*$p < 0.1$ 代表显著性水平。

由表4-4可知，以税类性质为划分标准，流转税收入对产业结构合理化和高度化均存在先反向后正向作用，随着经济发展水平的提升，对合理化的作用逐渐减弱，对高度化作用逐渐增强。随着经济发展，流转税税负会对产业结构的合理化产生正向作用，可能是因为流转税的税负易于转嫁，可向前转嫁给消费者，因而对其要素的选择影响较小；而消费者由于其经济实力较强，被转嫁的流转税税负并不会对其消费产生较大影响，对于资源的流动和配置影响比较小，加之税负的增加，可能产生倒逼机制。而对于高度化的正向作用，其原因类似于之前的规模分析，收入的提高增强了支出的弹性。科技支出、节能环保支出等支出会提升产业结构高度化水平，所得税税负也会对产业结构的高度化产生类似的作用效果。

所得税收入对产业结构合理化存在先正向后反向作用；对于高度化的正向作用在经济发展水平超过门限值时减弱。所得税收入对合理化的作用正好与流转税收入契合，也就是说，所得税税负具有不易转嫁的特点，企业所得税税负对厂商的影响较大，个人所得税税负对居民的影响较大，并且会随着经济发展而强化，这也就在一定程度上扭曲资源的市场配置。考量流转税和所得税收入分类情况下，经济发展水平较高的地区，所得税收入对产业结构作用较重要；经济发展水平相对较低（此处的低为低于门限值水平）的地区，流转税收入对产业结构作用较大。

以三次产业为划分标准，第二产业税负增加对产业结构合理化先起促进作用后起阻碍作用，对高度化先起阻碍作用后起促进作用。第三产业税负对产业结构合理化存在反向作用，该作用随经济发展而逐渐减弱；对高度化先起阻碍作用后起促进作用。也就是说，随着经济的发展，第二、第三产业税负越重，则越不利于产业结构合理化。这说明市场应起决定性作用，税收政策应当尽量中性，主要建立具有竞争力的税收环境（李波，2015），尽量减少直接干预，以免使资源配置效率降低。经济发展水平超过门限值的地区，第二、第三产业税负的增加有利于产业结构高度化，其原因之一可能是倒逼低效率企业提高效率或退出市场，但结合其对产业结构合理化的影响可知，并不是税负水平越高就越好，存在合理区间。结合表4-4来看，经济越不发达的地区，第二产业税负对产业结构转型升级的作用越显著。

由表5-4中第二、第三产业税负和流转税和所得税收入可知，对于产业结构合理化，当人均GDP低于门限值时，第二产业所得税发挥的作用相对更大，第三产业流转税发挥的作用相对更大。对于产业结构高度化，当人均GDP水平低于门限值时，无论在第二产业中还是在第三产业中，都是流转税比所得税发挥的作用更重要。当经济发展水平低于门限值9.1464（这也是我国现阶段经济发展水平所处区间）时，流转税对于第三产业的发展至关重要，这为我国"营改增"提供了依据。

第五章 我国促进产业结构转型升级的财政政策的优化

第一节　我国财政政策促进产业结构转型升级应坚持的原则

一、客观性原则

遵循客观规律是实现改革目标的前提，也是改革效果持续保持的必要条件。提升我国财政政策促进产业结构转型升级的有效性，促进产业结构转型升级是终极目标，增强财政政策对产业结构转型升级的积极作用是必要步骤，因此在这个过程中，首先，需遵循产业结构转型升级的一般规律，实现产业结构合理化、高度化水平的提升和促进社会发展的目标，有步骤地推进产业结构转型升级；其次，需了解财政政策影响产业结构转型升级的作用机制，这其中很重要的问题是财政政策作为政府进行宏观调控的"有形之手"与市场"无形之手"之间的配合问题。

首先是遵循产业结构转型升级的一般规律。从三次产业角度来看就是最终形成"三、二、一"的产业结构，从要素投入的角度来看就是从以劳动密集型产业为主导，逐渐过渡到以资本密集型产业为主导，最终转变为以技术、知识密集型产业为主导，从实质上来说是向提升产业结构合理化与高度化水平的方向发展。我国的产业结构发展也必须遵循这一规律。这一规律在发展经济学中有较为详细的论述。这一客观规律在不同的阶段又有不同的重点。例如，目前的国际产业结构发展规律主要包括"再工业化"战略的实施、新一轮技术创新浪潮、智能制造、绿色低碳、制造业服务化、全球产业转移动力变化和双向转移及转移模式为外包。人们在利用财政政策促进产业结构转型升级时，必然要以我国产业结构发展顺应当前全球产业结构发展趋势为前提。

其次是遵循市场规律。根据第一福利经济学定理等经济学理论可知，市场机制是实现资源有效配置最佳的途径。从西方发达国家的实践中也可知，随着经济社会发展程度的加深，市场的作用将会越来越重要。市场对微观经济主体的调动性毋庸置疑，并且在完全竞争的情况下，可以有效调节供需，达到帕累托最优。信息不对称、垄断等导致市场失灵的领域才是政府需介入的领域，并且还应注意政府"有形之手"的作用力度和作用周期等因素，不能因为政府的介入而干扰市场。政府的干预是为了促使市场更好运行，而不是替代市场，市场的决定性地位不容动摇。我国现已将市场的基础性地位提升至决定性地位。例如，在促进战略性新兴产业中的财政补贴应与市场相融，避免再次出现类似于光伏产业等新兴产业产能的严重过剩、政府补贴与优惠扭曲企业利润来源的情况。

最后是遵循财政政策促进产业结构转型升级的有效性规律。其一，财政政策从制定到实施要做到成本最小化和效益最大化，保证人力、物力、财力的投入效率最高，产生的不良影响最小，产生的积极作用最大，达到财政支出效率最大化和税收效率最大化。其二，应当对财政政策进行系统考量，财政政策在调节产业结构转型升级中发挥的作用虽然重要，但是促进产业结构转型升级的财政政策只是整个财税体系中的一部分，这部分内容不能违背财政政策整体上的基本原则与目标，本书研究的与产业结构转型升级相关的财政政策需要在遵循财政政策本身的原则基础上，再考虑对产业结构转型升级的促进作用。

二、协调性原则

提升我国财政政策促进产业结构转型升级的有效性，要总揽全局，具有开放性、包容性、整体性视野，既要考虑到产业结构转型升级，也要考虑到产业结构转型升级为经济服务的大局；既要考虑到财政政策，又要考虑到财政政策作为国家宏观经济调控政策的一部分，与其他政策的协调性；既要考虑到我国的具体情况，又要考虑到我国与世界其他经济体之间的关系。因此，在提出相关的政策建议时，要协调多重因素之间的关系，因为其事关财政政策是否可以有效发挥其对产业结构转型升级的积极作用。具体来说，需协调如下因素的关系。

第一，需协调产业结构转型升级与我国经济发展之间的关系。产业结构转型升级是我国经济发展方式转变的重要抓手，是现阶段推动我国经济和社会发展的必然选择。因此，将我国的产业结构转型升级纳入我国整个经济和社会发展的视角来考量十分必要。产业结构转型升级方向和阶段性目标与我国现阶段经济发展的形势密切相关，因此财政政策对产业结构转型升级的作用应该从更加宏观的角度去审视，应该结合整个经济发展态势来审视。

第二，需协调政府与市场之间的关系。政府是否介入、介入的时机和方式的选择以及作用范围、作用力度都是在提升财政政策在促进产业结构转型升级有效性的过程中应认真考虑的问题。政府介入后要做到既不缺位，又不越位。市场可以做到的就发挥市场自身在资源配置中的作用，市场失灵的部分，政府适时适当地进行干预，并且尽量将政府失灵出现的概率降至最小。

第三，需协调财政政策与其他产业政策之间的关系。产业结构转型升级的过程是多因素综合作用的过程，财政政策仅仅是其中的有机组成部分之一，包括金融政策等在内的其他产业政策对产业结构转型升级的作用也相当大。因此，它们之间需要在各自发挥积极作用的前提下相互配合，达到一加一大于二的效果，而不是相互抵消，这就需要将它们进行统筹考虑，协调不同政策之间的关系。

第四，需协调财政政策内部财政支出政策与税收政策两者之间的关系。两者既相互区别，又相互配合，两者间的关系协调原理类似于财政政策与其他产业政策，应当在两者设计之初就考虑到两者的交互问题，协同发展，形成合力，促进产业结构转型升级。这种协调性还体现在有重点的选择上。促进产业结构转型升级的财政政策并非越多越好，也并非一应俱全就好，应该对财政政策和其他有效政策统筹考量，选取最为有效的政策组合。

三、适用性与时效性原则

适用性主要是指促进产业结构转型升级的财政政策应当与我国的具体国情相符，适应我国现阶段的经济发展要求。各国及各地区的社会发展程度、经济发展状况、政治制度、历史文化等都存在差异，因此我国应结合我国的具体国情，有选择地借鉴其经验，使自己少走弯路。

适用性其实还隐含着时效性原则。政策具有时滞是不可避免的，只能尽量缩短政策制定和政策实施的时滞。适用性还暗含着动态调整的意思。若想使政策始终具有适用性，适应我国社会、经济的发展，那政策就必然需要具有时效性，需要适时、动态调整。但在适时、动态调整的过程中应当注意财政政策的稳定性，因为财政政策的波动对于地区产业结构的转型升级具有负效应（安苑、王珺，2012）。

第二节　财政支出政策完善路径与措施

财政支出主要是通过财政支出的规模的扩大和结构的不断优化来对产业结构转型升级发挥积极作用。支出规模的平稳与增加对于整个产业的发展起到积极推动作用，其对产业结构的转型升级的作用更为基础。相较而言，财政支出结构对于产业结构转型升级的影响更为直接，财政支出结构具体包括财政支出结构中各个组成部分的相对数量关系和质量关系，质量关系又在很大程度上取决于支出形式的优化与否。而这一切又都是通过作用在影响产业结构转型升级的供需因素上来发挥作用的。因此，财政支出政策促进产业结构转型升级的路径应该以财政支出的结构优化为主线，具体分析财政支出中民生性支出、科技支出、节能环保支出等具体功能性支出及渗透在功能性支出中的财政支出形式（如政府购买、财政补贴等）如何影响供给侧因素（劳动力、资本、科技进步）与需求侧因素（消费、投资和出口），最终达到完善促进产业结构转型升级的财政政策的目的。为了更清晰地阐述完善我国促进产业结构转型升级的财政支出政策的思路，本书特绘制了主要研究内容的逻辑思路图D1（见于附录 D，税收政策完善建议思路也参考该图）。

一、调控财政支出总规模

　　财政支出规模的稳定本身就是有效需求的稳定。虽然从各国的实际来看，长期来看财政支出规模是逐渐扩大的。然而，财政支出规模存在动态最优规模，并非越大越好。我国学者运用不同年份的数据通过一系列实证检验，得到我国最优财政支出规模比例分布在 11.6%（杨友才、赖敏晖，2009）和 24.0%（马树才、孙长清，2005）之间，预算内财政支出的最佳规模为 21.2%（马树才、孙长清，2005）。财政支出规模过小与过大均不利于产业结构与经济发展。从全国范围来看，2017 年我国一般公共预算支出规模 24.58%，2009—2016 年该比例依此为 21.89%、21.85%、22.53%、23.26%、23.91%、23.54%、25.62%、25.35%。我国财政支出规模除非正常年份外，实际支出规模呈现在小幅波动中上升的态势，现维持在 25% 左右。随着我国经济进入新常态，增速开始放缓。我国应尽量将支出规模比例维持在 23% 左右（冯丽娟，2017）。要达到这一目标，我国首先应继续转变政府职能。遵循本章第一节提出的财政政策促进产业结构转型升级的协调性原则，做到既不缺位，又不越位。市场可以做到的就发挥市场在资源配置中的作用，市场失灵的部分，政府适时、适当地进行干预，并尽可能降低政府失灵出现的概率。其次应完善政府财政收入体系，结合我国税收等收入政策进行综合调整，如可以充分利用好国、地税整合契机，在保障各级财政收入的稳定的前提下积极配合事权、财权的改革。

二、优化财政支出结构

（一）加强并细化民生性财政投入

民生性支出既可以间接影响需求侧（主要为消费需求），也可以直接影响供给侧（主要是劳动力的数量和质量），对劳动力流动产生作用，第三章第一节实证中也得出民生性支出对于产业结构合理化与高度化有较为显著作用。因此，民生性支出可在现有基础上稳步提升，以对产业结构转型升级发挥更为积极的作用。民生性财政支出的政策倾斜，既可以在一定程度上缓解民生保障机制缺失等问题，又可刺激居民消费需求，推动经济增长方式转变，利于国家调结构、重民生这一宏观经济目标的实现（储德银、闫伟，2010）。本书实证研究中涉及的 28 个省平均民生性支出比重从 2007 年的 36.42% 在小幅波动中上升至 2015 年的 37.05%，增加了 0.63 个百分点。该部分支出的稳步提升意味着该部分支出的增长率应大于零，最佳的状态为增长占比维持平均占比，不降低。在此基础上，重点加强农村地区民生性财政投入（蓝相洁、陈永成，2015；刘志忠等，2012），并继续优化其各自内部结构。由实证部分民生性支出的具体四类支出对产业结构合理化与高度化的不同作用方向可知，需要通过精准分析各部分的作用路径继续细化和优化该部分支出的结构。

其一，挖掘社会保障和就业支出中的就业支出对劳动力素质的提升潜力，为产业结构转型升级创造人力基础。就业支出中的创业型就业支出和培训型就业支出均为积极型就业支出，该部分支出的增加将会对劳动者整体素质的提升产生积极作用。因此，一方面可加大就业及再就业培训补助力度，在提升劳动力素质的基础上有效促进劳动力流动。例如，通过财政补贴鼓励工业企业对劳动力进行在职培训，以提高劳动生产率并提高劳动力工作转换能力，增强流动性；不断提升农民工培训补贴标准，提高农民工劳动匹配度和农民工群体的流动能力；加强财政对农村教育和劳动力免费培训的支持，在提高农村劳动力整体素质的同时推动城镇化过程中的人口流动。同时，加强财政对创业的支持力度，促进劳动力合理配置。继续加大对高素质劳动力返乡发展的支持力度，这样有利于农业现代化发展。例如，支持劳动力流向第一产业的财政政策在 2016 年国务院办公厅印发的《关于支持返乡下乡人员创业创新促进农村一、二、三产业融合发展的意见》就得到较好体现，其提出"对返乡下乡人员创业创新免收登记类、证照类等行政事业型收费。各项财政支农项目和产业基金要将符合条件的返乡下乡人员纳入扶持范围，采取以奖代补、先建后补、政府购买服务等方式予以积极支持"。类似的财政支持政策应当继续推进，并不断加大财政对于大学生、农民工、下岗再就业人员的创业补贴力度，提高各群体的创业积极性。

另一方面，社会保障支出应该在坚持低标准的原则下尽可能避免对劳动力的挤出效应，辅助打破城乡二元结构，做到广覆盖，争取扭转其不均等对产业结构高度化的不利局面。此外，社会保障和就业支出应当借鉴其他国家及地区的经验，建立健全保障就业和再就业的法律体系。在我国《就业促进法》的基础之上，尽可能地将农民等人群纳入相关法律保障的人群范围，创造平等的环境，促进劳动力的合理流动与配置。并且有关政府间财政事权与财权的合理划分，也对社会保障和就业支出提供资金保障。我国社会保障支出规模虽然呈增长趋势，但是占比仍旧偏低，应该持续加大社会保障投入，并且在此基础上加强对社会保障资金的有效管理。要不断缩小行政事业单位等的退休金支出，逐步增加利于再分配的社会保障基金补助、救助等支出（闫婷，2013）。虽然社会保障支出看似与产业结构转型升级并无直接关联，但其创造的社会有效需求和其对于劳动力流动的作用，会对产业结构转型升级产生持久的积极作用。

其二，通过医疗卫生与计划生育支出，继续推进城乡均等的医疗卫生服务保障体系，加快推进各地城乡居民医疗保险合并进程，逐步提高保障水平，缩小城乡职工医疗保险之间的差距；逐步提高统筹层次，以此降低阻碍劳动力流动因素的影响。实证研究中发现该项支出对于产业结构合理化起到促进作用，其反作用于高度化表明需继续加强医疗卫生服务均等化。而这一目标实现的保障便是医疗卫生支出的稳步增加及其内部结构的优化。具体来说，可效仿按比例投入的教育支出方式，进一步量化和动态调整我国有关医疗卫生的支出规模；不断提升农村医疗卫生投入水平，加强乡镇卫生院、室和全科医务人员的培养；在财政收入总量面临增长压力的情况下引导社会资金注入，通过对 PPP 模式的学习和实践，更好地推进医疗卫生服务实现更高水平的统筹和均等化，从而降低产业结构合理化和高度化发展中劳动力等因素的影响。

其三，继续加大教育支出规模。教育支出的正外部性极大，对于产业结构的合理化和高度化水平的提升至关重要。我国教育支出比例在民生性支出中的比例仅次于社会保障支出，但仍旧需要不断加大教育支出规模，在4%水平上继续提升。王玉华（2007）甚至提出，只有教育支出规模增长率快于财政支出规模，财政才能维持教育支出的持续增长。教育对于科技人才培养和科研团队的建设至关重要。特别是第一产业，应当继续加大对我国农业科研院校的财政投入，大力培育高产种子等农业发展急需的要素，并且致力于产学研的一体化建设完善，提高农业产出效益（戴鹏，2012）。此外对于教育来说，基础教育和中等教育支出不能弱化，而应成为各级政府教育工作的重点，发挥基础教育对于劳动力素质的提升作用，进而发挥促进劳动力流动的积极作用（闫婷，2013），改革完善城乡义务教育经费保障机制。在此基础上着重通过完善转移支付制度，提高贫困地区基础教育水平（张木茂，2014），"投入重点仍在农村"；"对寄宿制学校、规模较小学校、北方取暖地区学校即特殊教育学校予以倾斜"；"对民办教育'一视同仁'"。同时，应当避免包括基础教育支出在内的教育支出中人员经费占比过高的情况出现，最佳比例为 50% 左右（梁紫荃，2018）。教育支出政策的完善需要与就业政策的完善同步进行、相互协调，这样才能使教育投入真正带动当地的产业结构优化。

由理论与实证分析可知，文化体育与传媒支出对于产业结构高度化发展起到积极作用，因此政府应重视文化体育与传媒支出。同时，考虑其对于产业结构合理化的显著反向作用，应该更为精准地调整该项支出的作用方向，加以配套措施的完善，以充分发挥该项支出对于产业结构合理化的作用，使其对其他有利于产业结构合理化发展的支出项挤出效应尽可能减弱。

（二）提升科技支出强度

提升科技支出强度可以促进技术进步并减弱对就业的冲击。财政支出对技术进步的影响主要体现在财政支出结构方面，科技支出不言而喻，就是政府为促进科学技术方面的发展而产生的支出项目。它的整体支出比重应当顺应时代潮流，并依据经济社会发展水平稳步提升。财政促进科技发展的支出既可以是直接购买支出，也可以通过补贴和贴息等转移性支出形式进行。我国可以继续增设对于个人的科技奖励，并提高部分奖励的奖金数额。科技创新最重要的因素是人，需要继续健全创新激励机制，赋予创新团队和领军人才更多的人财物支配权、技术路线决策权，真正让有贡献的科技人员名利双收。给予财政补贴和个人奖励，既是对他们工作的认可，也是对他们继续提高自身业务能力、服务社会的激励，同时也为他们后续的工作提供了物质基础。我国国家层面现在主要设立了国家最高科学技术奖、国家自然科学奖、国家技术发明奖、国家科学技术进步奖、中华人民共和国国际科学技术合作奖。可以继续增设省级奖项，省级奖项奖金可免征个人所得税。在注重科研人才和团队培养时也应注重对科研项目的财政支持，以提高整体积极性，这与增加对领军人才的奖励并不矛盾。此外，还要考虑到短期的科技支出会对劳动力的稳定和流动产生冲击，因此应当重视对新兴产业和高新技术的科技投入，这些产业有利于劳动力的吸纳和劳动力整体素质的提升。

具体到技术进步的环节上，由第三章第一节实证可知，科技支出对产业结构高度化的作用效果未达到理论预期，这很有可能与科研成果转化较难有关。因此，建议加强技术改造的财政支持力度，增加财政技术改造投入，鼓励企业利用先进实用技术改造相关设备和工艺，提高企业技术水平，按照市场需求优化产品结构和技术结构。应该通过财政补贴和贴息手段，引导和促进企业增加科研投入，提高企业科技成果转化能力（戴鹏，2012），重点提高科技成果和专利申请转化为现实生产力的投入比例（王华、龚珏，2013）。可将亟待解决的技术难题列出目录，按关键程度确定相应补贴力度，每年依据研发进展对目录进行调整（周清，2011）。财政支出精准地对科研某个具体环节发挥作用，将会对产业结构高度化发展产生至关重要作用。

（三）优化节能环保支出

节能环保支出通过扩大绿色消费需求和影响节能环保企业投资回报率来不断提升产业结构高度化水平，因此该类支出需稳步提升，并不断提高其支出效率，充分发挥其对于产业结构高度化的积极作用。一方面政府可以直接投资节能环保产业，特别是投资可提升节能环保能力的科技方面，从而带动上下游产业和整个三次产业生产率提升。另一方面，政府可以采用财政补贴的方式，灵活和有重点地对节能环保产业及其配套基础设施建设进行支持。但是要避免出现类似于光伏等产业的补贴中出现的问题。在节能环保支出方面，不能使用过于激进的补贴等鼓励形式，而要结合与节能环保相关的税收优惠政策稳步推进，防止出现节能环保产业产能过剩和产品单一等问题，且要时刻注意在推进其发展的过程中不能越位，仍旧需要市场发挥决定性作用。此外，节能环保中的管理事务支出和监测与监察支出也都应真正发挥作用，从而为形成良好的节能环保需求环境和监督监管机制打下基础，以便节能环保支出可以更有效率地促进产业结构转型升级。

（四）调节经济发展和行政管理性支出

要适度调节这两类支出，注重其与税收和国民经济发展之间的联系，全面考量这两类支出的经济和社会效应。经济发展性支出和行政管理与公共安全类支出虽然都对产业结构合理化产生反向作用，但是它们创造的良好发展环境对于产业结构高度化却可能产生积极作用。特别是行政管理与公共安全类支出能够显著促进产业结构高度化。这两类支出影响社会发展的基础环境，并且影响着税收收入，进而影响财政支出，因此对它们的调整需要谨慎。此外，它们均关系到我国当前的经济和社会发展，产业结构转型升级的最终目的也是经济社会的发展，因此对于该类具有很大社会效应的支出项，且其对于产业结构合理化与高度化作用相异时，应该站在更高的视角进行判断，为全局服务。

（五）合理选用财政支出形式

财政支出形式的合理程度会直接影响到财政支出具体功能性项目对产业结构转型升级的作用。

第一，优化财政补贴。财政支出主要是通过价格机制影响资本成本，进而影响产业结构转型升级的。财政补贴是财政支出影响价格的主要方式之一。对于财政补贴范围、补贴标准、补贴对象、补贴形式的选择，将直接影响三次产业结构转型升级。

首先，应当确定合理的补贴范围，重点补贴农业、重点国有企业、战略性新兴产业领域。在我国三次产业中，财政需不断完善以粮食直补为核心的农业综合补贴制度，稳定第一产业中传统农业。我国自2004年启动粮食直补、农机具购置补贴、粮种补贴，并于2006年增加了农资综合补贴政策，形成了以粮食直补为核心的立体化补贴体系。对国有企业要"有进有退"地进行补贴，增强其市场竞争能力，保障基础产业工业，但是在部分行业要做到让其优胜劣汰，促进产业结构优化。对于战略性新兴产业，则要进一步加大财政补贴力度，以加快战略性新兴产业积聚，同时要不断完善集聚区高新技术企业孵化器机制的财政扶持政策。

其次，要适当调整补贴标准。我国需要继续提高粮食补贴标准，加大补贴力度，保障种粮农民收益水平；细化补贴对象和补贴标准，推进"三补合一"试点，改善农业产业结构；不断扩大农业综合补贴资金来源，为财政支农支出增加保障（戴鹏，2012），如我国2015年出台的《关于调整完善农业三项补贴政策的指导意见》就统筹出部分资金重点用于支持农业信贷担保体系的建立和完善。提高财政补贴和贴息手段对科技的支持力度，引导和促进企业增加科研投入，提高成果转化率，可将亟待研发的技术列出目录，按关键程度确定相应补贴力度，每年依据研发进展对目录进行调整（周清，2011）等。

第二，完善政府采购机制。政府采购这一财政支出形式可直接构成消费需求，有效带动产业结构调整。因此，我国应进一步完善政府采购制度，发挥其在促进产业结构转型升级方面的积极作用，以更好地通过科技和环保水平的提升带动产业高度化发展。其一，加大对战略性新兴产业的政府采购力度，为战略性新兴产业提供有效的市场需求。尤其要提高单次采购的规模，避免由于重复购买增加政府与新兴产业双方的成本（杨林、马顺，2012）。同时，要有效提高政府采购的效率，确定合理的政府采购比例，通过政府采购法律制度体系的完善规范政府采购行为，"建立从采购预算、采购过程到采购结果、采购合同的政府采购全过程信息公开机制"①。其二，我国需要推行政府绿色采购制度，完

① 中国会计年鉴编辑委员会.中国财政年鉴：2016[M].北京：中国财政杂志社，2016：115.

善《节能产品政府采购实施意见》《关于环境标志产品政府采购实施的意见》及绿色采购相关规定，不断丰富节能产品政府采购清单、环境标志产品政府采购清单及相关绿色采购清单（戴鹏，2012），优化清单调整机制①。通过政府采购制度的实施与完善，促进产业结构高度化水平提高。其三，可以通过政府采购手段增加对于科技产品和服务的消费性支出规模和比例。我国于 2000 年发布的 18 号文明确提出软件政府采购政策：国家投资的重大工程和重点应用系统，应优先由国内企业承担，在同等性能、价格条件下优先采用国产软件系统；涉及国家主权和经济安全的软件，应当采用政府购买的方式进行。为发挥产业结构调整作用，完善采购制度，政府可以从购买目录的扩大和购买程序的规范上着手。现在则应继续完善《政府采购自主创新产品目录》，并根据技术和市场变化进行动态更新，向社会公告；制定国家重大建设项目、装备和产品项目采购制度，对政府投资建设的重大建设项目、采购的重大装备和产品，明确自主创新产品采购比例。政府应增加对我国科技产品和服务的投资性支出，积极发挥引导和资金保障作用。

第三，精准化政府投资。政府投资对于产业结构的转型升级至关重要。虽然我国的政府投资已经从中华人民共和国成立之初的 90% 以上的比重（王丹莉，2014）发展到如今的不足 10%（不包含贷款）②，但是政府投资的产业导向作用和对产业的直接影响程度仍旧决定了其处于关键性地位。我国进入 21 世纪以来多数年份政府投资占全社会固定资产投资的比例都在 5% 左右，且主要开始转向农业、基础设施和基础工业及公共服务领域。但是其中的具体投资结构仍需继续精准化调整，以便政府投资可以发挥最大效益，扭转整体全社会固定资产投资阻碍我国产

---

① 中国会计年鉴编辑委员会.中国财政年鉴：2016[M].北京：中国财政杂志社，2016：115.

② 由国家统计局统计公报可知，2022 年全社会固定资产投资额实际到位金额（不含农户）中国家预算资金占比 8.81%，2021 年占比 6.36%。

业结构高度化发展的局面。特别是要发挥政府投资对于农业、科学技术与服务业和环保产业的"挤入效应",促进产业结构转型升级(王婧,2017)。

第四,健全奖励机制。奖励机制是一种积极的引导方式。例如,针对我国第二产业中部分产业产能过剩问题,《淘汰落后产能中央财政奖励资金管理办法》(财建〔2011〕180号)明确,由中央继续安排相关专项资金,对经济欠发达地区淘汰落后产能工作给予奖励,积极支持落后产能淘汰工作。各地方政府要对淘汰落后产能名单上企业给予一定的财政支持,促进产业结构转型升级。又如,有关科技支出的建议部分,提出的对于科技人才的奖励制度的完善与就业支出中各项财政支农项目和产业基金要将符合条件的返乡下乡人员纳入扶持范围,采取以奖代补方式。

第三节 税收政策完善路径与措施

税收政策对于产业结构转型升级的积极作用效果主要通过具体税制的设计来实现。税制包括税种、税率、计税依据、税收优惠等。前文中分析的影响产业结构转型升级的主要因素税负或税收优惠和税制改革实际上最终可以归结到税种、税率、计税依据等税制要素之上。这些税制要素是通过影响产业结构转型升级的供需因素来促进产业结构转型升级的。因此,完善促进产业结构转型升级的税收路径可以是具体完善影响产业结构转型升级供需要素所涉及的各个税种的税率、计税依据等税制要素,重点关注税制改革和税收优惠。

一、把控最优宏观税负

从促进产业结构转型升级的角度出发,税收收入总量的相对规模(本书指小口径宏观税负)应该控制在一定的范围之内。通过理论分析可以知道，一般情况下，较高的税收收入水平意味着政府可以拥有更为充足的资金完成基本公共服务均等化等任务，而基本公共服务均等化的过程实际有利于资源的合理配置，也有利于产业结构合理化程度的提高。但较高的税收收入加重了微观经济主体的负担，因此有可能对产业结构的高度化发展带来不利的影响。但是，较低的税收收入对于产业结构高度化的影响效果也无法确定，因为虽然其在一定程度上减轻了微观经济主体的负担，但是由于基本公共服务的缺失，产业结构的高度化水平的提高也难以实现。

考虑到随着经济的发展，微观经济主体对于税收负担的承受力可能产生变化，实证研究中考虑不同经济发展水平下小口径宏观税负对产业结构合理化和高度化的影响。当经济发展水平低于门限值时，产业结构合理化和高度化符合理论的一般认识，即宏观税负水平的提升利于产业结构合理化发展，不利于产业结构高度化发展。此时，应当注重宏观税负对于合理化与高度化的不同作用，结合整体需要进行考量。当经济发展水平超过较低门限值后，宏观税负水平的增加对于产业结构合理化与高度化发展均有正向作用。这可能是因为税收总量的增加提升了财政支出弹性。当经济发展水平超过双门限中较高门限值时，则产业宏观税负的增加不利于合理化发展。这可能是因为过高的税负水平已经开始损害经济效率，也可以从市场重要性凸显这个角度来解释。那么，小口径下宏观税负是否存在一个最优的区间，使得处于该区间内的宏观税负最有利于产业结构转型升级？罗富政和罗能生（2016）采用面板门限模型，选取宏观税负作为门限变量，对促进产业结构转型升级的最优小口径宏观税负水平进行估计，得出最优区间为8.74%～11.44%。然而，对于最优宏观税负的选择还要综合考虑我国整体经济发展需要，统筹选取较优的宏观税负水平，以促进经济社会整体的健康发展。

二、优化税制结构与税制设计

（一）流转税的完善

1. 充分利用增值税税收优惠和"营改增"契机

加强增值税对产业结构转型升级的积极作用，现阶段适度增大其税收优惠力度。

第一，可继续加大增值税对农业税收优惠力度，促进农业资本聚集，稳定农业基础产业地位。其一，建议将"公司＋农村合作组织"经营模式纳入增值税免税项目。《中华人民共和国增值税暂行条例》中规定的免税项目之一便是"农业生产者销售的自产农产品"，这无疑为基础农业的生产提供了税制保障。其中，规定"公司＋农户"经营模式也视同农业生产者销售自产农产品，这样的税收优惠政策加速了农业资本要素的聚集，有利于农业龙头企业的发展，从而有利于农业生产的规模化和规范化，可促进作为弱质产业的农业的产业化发展。虽然税法将农业合作社销售本社成员生产的农业产品，视同农业生产者销售自产农业产品，给予免税优惠，但该规定并未对农村合作组织与"公司＋农户"中的"农户"作出"等价"处理。若可将两者进行结合，那么理论上会加速农业资本的积聚和规模化发展，提高产业结构转型升级效率。其二，建议加大农户在购买原材料方面的税收优惠力度，使得农民作为原材料的直接消费者，税负真正降低（李波，2015）。国家对农资产品增值税税收优惠力度很大，但该部分税收优惠直接受益者为从事零售和批发这类服务行业的纳税人，农民并不是直接受益人。其三，增值税由于性质和征税目的，客观上其税收优惠形式单一，主要为税额的减免这类直接优惠形式。因此，应该注意结合所得税中加速折旧等间接优惠形式，扭转不利于农业企业利用税后利润进行资本积累的局面。

　　第二，继续推进"营改增"，适度减轻第三产业和第二产业部分行业税负，促进产业结构高度化发展。对于第二产业而言，"营改增"的全面实行，特别是对增值税产业链中的企业来说，无疑是增加了进项税额的抵扣，减轻了企业税负。较改革之前同等销项税额，由于进项税额抵扣的增加，企业的利润得以上涨，企业当期资本增量增加。对于第三产业而言，"营改增"会促进第三产业部分行业蓬勃发展，如咨询业。它们的客户主要为具有增值税一般纳税人身份的大中型企业，当对咨询服务业由营业税改征增值税后，企业由于它们产生的费用便可视为进项税额予以扣减。于是，此项开支由硬性支出变为可抵扣项，刺激了企业对咨询服务的需求，也带动了咨询服务等第三产业部分行业的发展。因此，建议继续深化"营改增"，在深化的过程中，注意税率的简化（主要为税率级次的减少①）和结构性调整，改变现在第三产业税负不降反升的状态。

　　第三，加大增值税对科技进步的税收优惠力度，与所得税共同促进产业结构高度化发展。《增值税暂行条例》中免税项目之一就是直接用于科学研究、科学试验和教学的进口仪器、设备，该免税项目对于三次产业都是利好的。同时，《财政部—商务部－国家税务总局关于继续执行研发机构采购设备增值税政策的通知》（财税〔2016〕121号）规定内资研发机构和外资研发中心采购国产设备全额退还增值税。因此，建议对有利于现代化农业发展的科技产品减免增值税；退税企业为技术改造再投资配以企业所得税税收优惠，辅之企业因技术改造购买的相关设备加速折旧，共同鼓励企业增加技术投入。

---

① 据税收科学研究所对2011年全球增值税税率的对比分析可知：147个实行增值税制度的国家中，使用单一税率的占54%，多档税率国家也多使用两档税率。亚太经合组织中18个实行增值税制度的国家中14个国家实行单一税率，除中国外的其他17个国家的平均增值税率为11.15%。转引自：王琳. 产业结构调整背景下增值税制度改革的问题研究[D]. 天津：天津商业，2014.

第四，灵活利用增值税多税率和退税制度，有效刺激需求。其一，对战略性新兴产业以及其相关产品给予增值税低税率优惠，可提高战略性新兴产业的投资收益率，增加对其的投资；其二，对战略性新兴产业及其相关产品给予增值税出口全额退税，并对其全部固定资产投资包含的增值税税款给予退税，使战略性新兴产业以不含税价格的产品参与国际竞争，可以增加其出口；其三，对需重点扶持的战略性新兴产业，增值税税负超过一定比例后即征即退，与软件和集成电路产品享受同等的税收待遇，促进整体发展。

2．灵活调整税目和税率

流转税的税负易于转嫁，因此流转税的税负变化可能影响最终产品的价格，而价格又是影响需求的核心因素。因此，流转税税负的增减可以通过有效需求的变化影响产业结构转型升级。以消费税为例，消费税具有消费的选择性，是国家贯彻消费政策、引导消费结构升级，从而引导产业结构升级的重要手段，且实证也得到随着经济发展水平的增加，流转税税负一定程度的增加利于产业结构转型升级，加之"减少对劳动征税的同时增加对资本或消费的征税可以保持税收中性，促进经济增长"（Angelopoulos & Philippoopoulos，2008）。因此，建议对消费税做"加法"，增加消费税的税目，提高部分消费品消费税的税率。其一，适当增加消费税税目，将高档保健品、高档服饰等部分高档消费逐步纳入消费税税目，扩大消费税税基；其二，可适当增加部分现有税目的税率，如可将高尔夫球及球具与游艇现行 10% 税率上调至与高档手表20% 相当。通过有效调节提升社会消费水平，促进产业结构转型升级。此外，还可以对高能耗和高污染产品征税，促进绿色产业发展，提升产业结构高度化水平。应当注意的是，税目的增加和税率的提升所针对的消费品均为科技含量相对较低的产品，即对它们征税不会对技术进步产生较大的负面作用。此外，为了加大消费税对消费的调节力度，可以将消费税进行价外税改革（刘颖，2014），这种直接"疼痛"短期内会使得调节效果更强。相比之下，增值税和关税这两种税的税负也会前转给消费者，但这两种税的首要目标并非调节消费需求，因此建议整体减轻两种税的税负，增加消费者的消费能力。

由前文理论分析可知，关税不但会影响需求，更会透过需求带来技术革新和进步，从而直接推动产业结构高度化发展。结合我国的实际情况，需重点关注国家急需的重大技术装备和重大产业技术引进、消化吸收和再创新工作。因此，建议一方面逐步降低整机设备进口的关税优惠力度，加大对企业开发具有自主知识产权产品的重大装备所需要的关键零部件和重要原材料关税优惠力度，加大对引进国外先进技术的关税优惠，促使企业将重心转移到对引进技术和设备的消化上来，着力推进我国的自主创新（徐祖跃等，2012）。另一方面，利用关税政策鼓励跨国公司将研发中心转移到中国，加大对国家鼓励产业的核心零部件制造领域的投资，鼓励其将技术水平高、增值含量大的生产环节转移到中国，延伸产业链，促进产业结构转型升级。

3. 重新思考并细化出口退税制度

影响出口的财政政策之一是出口退税政策。虽然出口退税是税式支出的一种，但本书从税收的角度进行政策建议说明。我国主要通过制定不同的出口退税率来调节出口结构：对鼓励出口的产品提高出口退税率，对抑制出口的产品降低甚至取消出口退税率。因此，建议在继续实行差别税率出口退税制度的前提下，细化出口退税制度，积极发挥出口退税政策的导向性作用，逐步引导我国相关产业的调整和升级。比如，对于劳动密集型产业之一的服装及衣着附件可以依据其研发投入和品牌自主创新程度，设定判断等级的标准。对于（潜在）高标准企业采用相对较高的退税率，扶持该类企业发展，缓解就业压力；对于低标准企业则降低甚至取消其出口退税，淘汰该产业链中的落后企业，进而优化产业结构。又如，对于高新技术产业中我国具备核心技术的企业可继续维持 17% 的高退税率，对于我国不拥有自主知识产权的，则整体降低退税率，考虑将退税支出转变为其他更为有效的支持方式（甘行琼、蒋炳蔚，2017）。

（二）所得税的完善

随着经济的发展，我国越来越重视对所得税的税负的控制。既要精准做"减法"，也不能忽略做"加法"。当经济发展到一定程度时，所得税的税收优惠政策就应结合其税基、税率等进行调整，适度增加所得税的税负可以倒逼产业结构高度化发展，并且税负增加带来的收入可以通过科技支出等支出项目更直接地推动生产率提升，提高产业结构高度化水平。结合实证部分的分析，建议目前以做"减法"为主来促进产业结构转型升级。

1. 关注所得税减免对劳动力合理流动的积极作用

与劳动力需求联系最紧密的税种之一是企业所得税。它主要通过税前扣除项影响企业的利润，来促使企业在自身能力范围内对劳动力数量的增减和劳动力质量的提升作出选择，这是一种通过劳动力需求影响劳动力配置的过程。如企业所得税法规定，对于在职直接从事研发活动人员的工资、薪金、奖金、津贴和补贴，以及他们缴纳的基本养老保险费、基本医疗保险费、失业保险费、工商保险费、生育保险费和住房公积金，企业可享受加计扣除。一旦加计扣除比例发生变动，必然会直接影响到企业对于研发人才的使用积极性。财政部、税务总局《关于企业职工教育经费税前扣除政策的通知》（财税〔2018〕51 号）为了鼓励企业加大职工教育投入，规定企业将该部分支出不超过工资薪金总额 8% 的部分准予在计算企业所得税应纳税所得额时扣除。

相比之下，个人所得税的征税对象为劳动报酬的获得者，将影响劳动力的供给。尽快确定和落实新个人所得税法对子女教育、继续教育、大病医疗、住房贷款利息或者住房租金、赡养老人支出等转项附加扣除等的规定，对研发人员的技术入股取得的股权收益则可以减免个人所得税。配合财政支出中关于科技奖项的支出的设定问题，将奖金免税级次适当降低。[①]个人所得税对劳动供给的作用甚至体现在影响高素质劳动力的国际流动方面。"就像商品和资本一样，劳动力在国与国之间是可以交易或转移的。对于发展中国家或地区里那些拥有其他国家急需专业技能的居民来说，他们可能会移民，以自己的人力资本获得较高的税后收益确实是一个很大的诱惑。这一部分量小但很重要的群体提供了企业家才能，提供了技术性的、专业化的和其他的才能和服务。"（Dorn J. A. et al，2009）综上所述，通过对企业所得税中研发人员的相关支出作加计扣除和对研发人员个人所得税进行减免，可以通过促进劳动力流动，优化劳动力这一要素的配置。因此，建议提高企业所得税中支出加计扣除比例，扩大个人所得税中减免项目范围。

2．重视企业所得税间接优惠，优化资本配置

对第一产业而言，其一，对于进行农业产业化企业可适当降低企业所得税税负，对农业产业化设备实行加速折旧，无论其是否满足科技发展更新换代快和常年震荡两个条件；其二，对农业产业化投资给予一定数额的投资抵免，使得农业产业化经营得到发展，优化农业产业结构（戴鹏，2012）；其三，适当使农民专业合作组织也可以享受企业所得税的相关税收优惠。

对第二、第三产业而言，固定资产的加速折旧优惠、减计收入优惠、创投企业优惠和西部大开发税收优惠都会影响其利润，影响其资本

①　这是对前面财政支出中将新增奖项设定层级设置为省级以上来获得免税优惠的进一步拓展。

配置。相比现在多税额减免和抵减居多的优惠，应该增加加速折旧和加计扣除等间接税收优惠，这类优惠相比于直接优惠而言，能更直接地减少成本，而不是增加利润，如此一来就可以增加享受该优惠的主体范围。

3. 充分运用所得税优惠，促进技术进步

我国现有企业所得税可以对技术进步或对与技术进步直接相关的科研进行鼓励，鼓励手段主要是研发费用的加计扣除、加速折旧、提取特别准备金和扩大税收抵免范围等。在此基础上笔者提出以下建议。

首先，改变优惠模式，扩大受惠范围。改变以企业性质为依据的税收优惠模式，以科技创新项目和行为为税收优惠依据，积极引导三次产业企业进行科技创新；将企业运用高新技术改造原有传统产业的科技行为也纳入研发环节优惠适用范围，推进传统产业的转型升级（王华、龚珏，2013）。

其次，提高成果转化环节免征额，促进产研衔接。对企业转让技术和研究成果取得的收入，将现行500万元以下免征和500万元以上减半征收规定中的免征额500万元标准提高，以鼓励科研成果转化为产品，用于生产，真正以税收优惠促进产研一体化。

最后，丰富优惠方式，多管齐下，促进我国自主创新。其一，建立技术准备金制度，对科技创新中进行自主创新企业允许按其销售收入的一定比例在税前提取科技发展准备金，并可全额进行税前扣除；其二，对企业用税后利润进行研发和再投资部分，可对再投资部分提供一定比例的退税支持（戴鹏，2012）；其三，研发费用的加计扣除比例继续优化。具体到三次产业里，第一产业可以对农业技术的研究和开发费用实行更宽口径的列支，对农业技术服务收入减免税收（戴鹏，2012）。第二产业可对高新技术企业的税收优惠政策稳中有调。例如，对于新能源企业开发新技术、新产品、新工艺发生的研究开发费加计扣除的比例可

以由 50% 提升至 100%（周清，2011），如我国在对新能源汽车及其关键零部件的生产研发企业计算应纳税所得额时，已将 R&D 费用加计扣除比例提升至 100%。此外，企业所得税和个人所得税会对劳动力，特别是对劳动力素质（人力资本）产生影响，从而对科技进步产生影响，此处不再赘述。

4．充分利用个人所得税有效调整消费需求

个人所得税影响个人收入水平，进而影响产品结构。个人所得税税制发挥更大的作用的前提是我国要不断提升其税收比重，改善我国现在个税占比较低的局面（2017 年我国个税占总税收收入的比重仅不到 7.74%）。因此，加强个税改革十分必要。其一，工资、薪金所得中的费用扣除标准的高低会直接影响收入，进而影响消费需求。因此，建议推动工资、薪金中费用扣除标准的指数化变动设计。其二，适当提高劳务报酬计算应纳税所得额时应减除的 800 元和 20% 标准。其三，对于暂缓征收的股票转让所得应尽早出台征收细则。其四，继续推进分类征收与综合征收相结合的征收模式，结合新税法尽快出台实施细则，这样可以减轻家庭税负，增加社会需求；在分类与综合征收相结合的模式下，考虑将我国鼓励消费的产品的价格以一定比例纳入扣减项目，由此促进消费结构改变。

（三）其他税种税制的完善

1．挖掘资源税和环保税对节能环保的积极作用

我国现有增值税和所得税中有关税目已经对利于环境改善的生产进行了鼓励性税制制定。在使用税收优惠做"减法"的同时，不能忽视做"加法"。节能环保目标的实现需要资源税和环保税共同发挥作用。

伴随着资源税的征税目的从调整收入级差转向节约资源和环境保

护，资源税对于产业结构高度化中"绿色"的作用便开始发挥。为促进产业结构转型升级，资源税应进行如下改革。首先，需提升整体资源税税负水平，以提升整体的宏观税负水平，促进资源的优化配置，具体到资源税制要素方面则需要继续适时扩围和调整税率，如适度提高战略储备资源的资源税税率，将原油、天然气、煤炭资源税税率由现行的5%～10%提高至10%～15%（窦晓冉，2018），促进其节约集约利用资源和环境保护目标的实现。其次，应加快资源税立法速度，逐步形成资源税政策体系，改变现有层级低和碎片化政策现状，并且"需要完善资源税利益分配机制，协调好中央政府、省级政府、县级政府、企业和当地居民之间的关系（黄燕芬、李怡达，2016）"，特别需要增加中央政府收入份额，以便增强其调节功能。此外，在增加税负倒逼资源优化利用的同时，也不能忽视资源税税收优惠的作用，以鼓励企业积极参与节能环保科研。

2018年4月1日起征的环保税是我国第一个直接以环境保护为目标的税种，其早在2016年12月便以环保税法形式出台。环保税的出台与实施将有利于我国实现经济发展与环境保护的"双赢"，将会倒逼企业转型升级（苗博然，2018）。环保税的纳税人和征税范围、税率设计也应在实践中适当进行调整。

2. 灵活运用财产税类对资本的引导作用

房产税、土地增值税、城镇土地使用税、车船税等都构成企业的成本，因此也就可以通过这些税影响企业的成本，影响产业结构转型升级。我国税法规定：自2016年1月1日至2018年12月31日，对符合条件的孵化器自用以及无偿或通过出租等方式提供给孵化企业使用的房产、土地，免征房产税和城镇土地使用税；在营业税改征增值税试点期间，对其向孵化企业出租场地、房屋以及提供孵化服务的收入，免征增值税。这一税收优惠政策无疑利好科技企业，建议适度延长该优惠期限。尤其需要指出，房地产税的推行势在必行。无论出于对资本的调节还是出于对需求的影响，无论从社会公平的角度出发还是从经济和政治角度出发，房地产税改革均需加快步伐。此外，城镇土地使用税等税种对于物流业的成本会产生较大影响，而物流业虽然不是高新技术产业，但对于产业发展至关重要，因此可以考虑对其实行税收优惠政策。

第四节　配套措施的完善

　　财政政策虽然在促进产业结构转型升级中发挥着重要的作用，但是作为影响产业结构转型升级的手段之一，没有其他政策和制度的配合，其作用会大打折扣。只有当政治、法律及其他经济手段与之配合，形成合力，才能促进产业结构转型升级。

一、转变政府职能

　　我国政府对于经济具有较强的干预能力。政府在调节产业结构，促进产业结构转型升级的过程中既可以通过宏观政策间接调控，也可以采用行政手段直接干预。在利用财政政策对产业结构转型升级进行影响的过程中，必然会对整个宏观经济产生影响，对微观经济主体产生影响，这就对促进产业结构转型升级的财政政策的制定和执行提出了较高的要求，也就对政府行为提出了较高的要求。因此，需要进一步完善国家治理体系，明确政府定位，逐渐转变政府职能，不断规范政府在市场运行中的行为。

　　其一，向有限型政府转变。在理顺政府与市场和各职能部门之间关系的基础上，加强政府的社会管理和公共服务职能。前面分析过，我国促进产业结构转型升级的财政政策有时缺乏前瞻性和稳定性。社会管理职能和公共服务职能的弱化较容易造成官员的短视，不能积极主动地从全局出发，从长远视角出发，真正作出有利于地区发展的决策，因而易造成经济资源的浪费等后果。因此，需要不断创新管理机制，加深对协作分工的认识，以促进地方合作，从而尽可能消解区块化市场，促进资源的自由流动和合理配置。

其二，向服务型政府转变。市场是经济社会的决定性力量，市场能够完成的，就应该放手交给市场。政府对产业结构的影响建立在市场失灵的基础之上，但政府职能转变对产业结构转型升级的推动离不开市场的逐步完善。随着经济发展，政府对经济的介入也需转变为对于市场环境的维护而非直接干预。"通过科学的约束和合理的规制，建立有利于要素高效流动的市场经济竞争环境，防止过度投资、不计环境代价、廉价土地供应等资源扭曲配置的'逐底'行为的出现，进而努力构建一种相对健康的'适度竞争'机制，使'中国式财政分权'对全要素生产率的积极影响和制度红利有效释放"（余泳泽、刘大勇，2018）。在逐渐加强市场的决定性地位、规范政府行为的过程中需做到以下两点：一是通过市场准入条件的公平化促进市场的开放。将竞争机制逐渐引入垄断行业，提高垄断行业的经营效率；逐步完善垄断行业的政府定价制度，真正"放权"给市场。二是通过中央与地方事权、财权的合理分配为市场的运行减少行政阻碍。让市场真正成为价格的决定方，以便形成财政支出和税收通过影响市场价格进而影响产业结构转型升级的机制。

其三，向法治型政府转变。推动政府向法治型政府转变，各项政府工作的开展均要做到有法可依，政府要做到依法行政，在促进产业结构转型升级的过程中要做到不越位、不缺位、不错位。加强政府法制化建设，增强对其行为的约束十分有必要。首先要规范立法。完善立法公开制度，提高立法透明度。拥有立法权的各级政府部门应合理规范行政、权力机关的责任，规范政府决策。同时，对行政规范性文件的推行要加大监管力度，各部门出台的相关文件需经政府法制机构审核后方可印发，未正式公开印发的文件一律不得变通执行。其次要规范执法。各行政执法部门应做到严格规范执法，落实执法责任制。

二、深化财税体制改革

　　财政分权虽不是本书重点研究的内容，但其的确影响着产业结构转型升级。"营改增"的全面推进和"土地财政"症结的存在使得地方财力保障问题亟待解决。这也就要求中央与地方政府之间关于财权与事权的划分要科学合理。结合实证分析建议，这种划分应该先集中于教育、社保等方面。

　　在财权划分的过程中，分税制的深化改革是必由之路。赋予地方适度的税收立法权，对于提高政府行政管理效率，促进产业结构的合理化和高度化发展起着积极作用。因此，建议在现有政策基础上出台具体的实施细则，加快进程。转移支付也是政府财力的来源之一。相比于税制改革涉及体制问题，需要较长周期，转移支付更多涉及的是政策性问题，政策调整所需时间相对较短，因此短期内应加快对转移支付制度的完善，在一般性转移支付增加的基础上注意具体支出方向，并加强对专项转移支付的规范。

　　支出责任在各级政府间的细化是科学配置事权的关键一环，既可增强使事权的可问责性，还能够增加地方政府财力与事权匹配的确定性（刘大帅，2015）。当地方获得足够财力用于推动产业结构转型升级时，应注意地方政府之间推进产业结构转型升级的责任归属问题，以及财政分权体制下地方政府对资源要素的争夺引发的相邻地区产业连锁反应（胡小梅，2016）。因此，可以适当上收财政事权，矫正地方激励扭曲，提高财政资金使用效率。

三、推进财税法制化进程

　　财政政策是国家调控经济的重要手段之一。改革开放至今，我国从中央到地方已出台大量的各类财政支出和税收政策，对于促进结构调整、保持经济增长、强化民生保障等发挥了积极作用。然而在实际运行中，其在一定程度上不利于市场对资源配置的决定性作用的发挥，影响国家宏观调控政策效果。政策的宏观性与不确定性要求必须从法律制度层面对其实施进行保障和约束。党的十八届四中全会通过的《中共中央关于全面推进依法治国若干重大问题的决定》强调深入推进依法行政，"依法加强和改善宏观调控、市场监管，反对垄断，促进合理竞争，维护公平竞争的市场秩序"，对社会主义财政税收法律体系提出了总体性要求。

具体到促进产业结构转型升级的财政政策，若要保证政策的顺利实行，需要设立新法或通过已有法律对其进行规定，这实际上包含了通过规范对其进行严格限制和细化落实两个层面的内容。以我国资源税为例，"资源税政策局限于部门规章和部门规范性文件层面，立法层次不高，尤其是法律层面政策缺失，导致其执行效果较差"（陈招娣，2018）。由此可见，我国应推进促进产业结构转型升级的相关财政政策法治化进程，以确保财政政策的实际执行效果。而且当政策具有法律效力时，客观上也会增加政策的本身的有效性。也就是说，对于促进产业结构转型升级的财政政策及其制度体系来说，其在具有较高法律效力的同时，也会在一定程度上增强该政策本身的有效性。

在法治的基础上需要推进整个制度体系的建设和完善。制度在社会中具有基础性作用，是决定长期经济绩效的根本因素（李子伦，2015）。财政政策作为制度建设内容之一，必须从大局着眼，从全局考量，在中央和地方事权和财权的合理划分的基础之上，从满足全国整体需求角度出发，规划和制定相应的财政政策。并且，制度体系的建设是全方位和多角度的，财政政策作为有机组成部分，其积极作用的发挥需要其他制度的配合。例如，税收优惠的退出机制和动态调整机制及税式支出的评估机制都是税收政策能够更好促进产业结构转型升级的配套制度安排（李波，2015）。胡凯和吴清（2018）曾指出，为进一步提高我国研发税收激励政策的有效性，需要着力改善地区制度环境，从知识产权保护、商品和要素市场公平竞争环境营造等方面不断优化地区制度环境，为辖区企业提供良好的创新环境。又如，环保税的推进与排污权交易制度的完善关系密切（林琦、杨海真，2018），资源税改革的推进需要与资源有偿制度改革同步推进（李子伦，2015）。完善与促进产业结构转型升级相关的财政政策制度体系具有重要意义。

四、加强与其他经济政策（包含货币政策）的协调

加强与产业政策协调配合。从促进产业结构转型升级方面来说，产业政策的影响似乎更为直接。实际上，对产业结构转型升级产生积极作用的财政政策也可以看做产业政策的有机组成部分。因为从产业政策的定义可以看出，只要是国家制定的用以引导国家产业发展方向、推动产业结构升级、协调国家产业结构，最终使国民经济健康可持续发展的政策，均可划入产业政策的范畴。产业政策和财政政策之间既有交叉部分，又有各自独立的内容。交叉部分对于产业结构施加影响的具体内容、政策工具也是不同的，需要两者之间的相互配合。并且要注意，因为产业政策和财政政策的基本职能存在差异，所以在发挥财政政策对产业结构转型升级的积极作用的同时，不能忽视其基本的四大职能的发挥。

加强与货币政策的互动。货币政策是一国为实现一定的宏观经济目标所制定的关于调整货币供应的基本方针及其相应的措施。虽有学者认为货币政策在整个经济内部和各产业之间时是均衡的、一致的、无差异的（吉红云、干杏娣，2014），即以政策目标单一性为依据，认为货币政策的产业结构调整功能难以实现（彭俞超、方意，2016）。但货币政策与财政政策的作用机制相异，并且财政的扩张和紧缩对需求的影响都需要通过货币政策机制的传导才能发生。因此，结合我国实际情况，学者普遍认为，财政政策促进产业结构转型升级的有效性提升离不开其与货币政策的相互配合（庞念伟，2016；刘金全、刘汉，2013；方福前、詹新宇，2011）。我国 2008 年至 2015 年，在具体的货币操作层面已经有 5 次关注产业结构调整的实例，尤其在 2015 年以"定向降准"和"支

农支小"等货币政策,支持实体经济增长和促进产业结构调整,体现出调整产业结构已经成为我国货币政策目标体系的重要组成部分(姜松,2018)。并且,货币政策对产业结构的调整作用更偏向于短期目标设定(姜松,2018;刘姗,2017;冯明、伍戈,2015)。

因此,建议在促进产业结构转型升级方面更多地关注货币政策与财政政策等的配合,不断优化货币金融环境。利用其短期内定向调控作用,为产业结构转型升级创造良好的信贷环境,特别是促进金融与科技结合。鉴于绿色信贷可以通过作用于两高类企业的资金渠道,迫使该类企业转型升级(蔡海静,2015;王小江、祝晓光,2010;谭小波、符淼,2010;马腾跃,2010),建议利用绿色信贷导向与监督两高企业(高耗能、高排放企业)的转型升级,发挥银行等金融机构作用,在科学测评的基础上不断精准化绿色信贷的审批与发放标准,加之信息及时的共享与公开披露,共同促进产业结构高度化发展(徐胜,2018)。此外,要注重多层次资本市场的建立和完善,即注重资本市场结构的优化,通过对金融衍生市场和企业债券市场的鼓励来拓展融资渠道。同时,还要完善我国商业银行体系、大力发展民营金融机构,使各规模水平的企业均可争取到相应水平融资,提高融资效率。加强金融监管也十分必要。伴随着我国商业银行体系的多层次化发展、民间金融与非金融组织的增多,规范它们的行为对于其促进产业结构转型升级的积极作用的发挥至关重要。

此外,还需注意到,货币政策的短期调结构也是建立在财政政策的贴息、结构性减税等主要手段之上的,是对财政政策进行辅助的,货币政策的长期调结构可能带来的资金配置的扭曲和宏观经济的过度流动。

在注重财政政策与产业政策、货币政策相互配合的基础上,还要注重其与外贸等各项经济政策之间的相互影响,使之能够相互协同,充分发挥其对产业结构转型升级的积极作用。

参考文献

[1] 沃格尔.日本的成功与美国的复兴：再论日本名列第一 [M].韩铁英，黄晓勇，刘大洪，译.北京：三联出版社，1985.

[2] 安苑，宋凌云.财政的结构性调整如何影响产业结构？[J].财经研究，2016(2)：108-120.

[3] 安苑，王珺.财政行为波动影响产业结构升级了吗？—— 基于产业技术复杂度的考察 [J].管理世界，2012(9)：19-35，187.

[4] 白景明.经济增长、产业结构调整与税收增长关系探析 [J].郑州大学学报（哲学社会科学版），2015(4)：66-71.

[5] 白瑞雪，翟珊珊.就业产业链视角的"十二五"时期产业结构优化升级研究 [J].中国特色社会主义研究，2012(4)：94-98.

[6] 白彦锋，徐晟.中国政府采购促进自主创新的角色分析 [J].首都经济贸易大学学报，2012(2)：18-23.

[7] 毕先萍，赵坚毅.技术进步对我国就业总量及结构的影响 [J].统计与决策，2007(10)：71-72.

[8] 蔡昉，王德文，曲玥.中国产业升级的大国雁阵模型分析 [J].经济研究，2009(4)：4-14.

[9] 蔡海静.新常态下绿色信贷影响我国产业转型升级的研究 [J].会计之友，2015(13)：16-19.

[10] 蔡建明.产业结构调整：财政支出政策的效应分析 [J].财政研究，2006(12)：37-39.

[11] 曹海娟. 产业税负对产业结构调整效应的区域异质性研究：基于省级面板数据的分析 [J]. 现代财经，2014(2)：53-60.

[12] 曹海娟. 产业结构对税制结构动态响应的区域异质性：基于省级面板数据的 PVAR 分析 [J]. 财经研究，2012(10)：26-35.

[13] 曹海娟. 流转税和所得税对产业结构影响的经验分析 [J]. 现代财经：天津财经大学学报，2012(3)：35-43.

[14] 曹海娟. 中国产业税收政策有效性研究：基于模糊综合评价模型 [J]. 湖北经济学院学报，2012(1)：54-58.

[15] 陈冲. 政府公共支出对居民消费需求影响的动态演化 [J]. 统计研究，2011(5)：13-20.

[16] 陈访贤，徐充. 关于我国产业结构转型升级的理论思考 [J]. 新疆社会科学，2015(6)：7-11.

[17] 陈宏，韩轶，戴华. 利用投入产出模型研究最优产业结构 [J]. 电子科技大学学报，1997(3)：293-297.

[18] 陈建斌，郁方. 宏观经济调控执行绩效的一个数量评价：1985—2005 年 [J]. 数量经济技术经济研究，2007(9)：12-23.

[19] 陈杰，农汇福. 保障房挤出效应的存在性及其时空异质性：基于省级面板门限模型的证据 [J]. 统计研究，2016(4)：27-35.

[20] 陈文玲. 我国第三产业发展状况及对策 [J]. 财贸经济，2000(1)：75-78.

[21] 陈鑫，刘生旺. 从西方最优税理论看税收政策的有效性 [J]. 山东工商学院学报，2011(1)：70-75.

[22] 陈新华. 对我国财政支出政策与产业结构调整优化的几点思考 [J]. 财政研究，1990(10)：11-18.

[23] 陈钊，熊瑞祥. 比较优势与产业政策效果：来自出口加工区准实验的证据 [J]. 管理世界，2015(8)：67-80.

[24] 陈招娣. 中国资源税政策的演进路径与发展方向：基于 1982—2016 年国家层面政策文本的研究 [J]. 经济社会体制比较，2018(1)：63-69.

[25] 陈志勇，陈思霞. 制度环境、地方政府投资冲动与财政预算软约束 [J].

经济研究，2014(3)：76-87.

[26] 陈志勇，陈莉莉. 财政体制变迁、"土地财政"与产业结构调整 [J]. 财政研究，2011(11)：7-11.

[27] 陈志勇，夏晶. 我国对外直接投资中的财税激励政策有效性及其优化研究 [J]. 河北经贸大学学报，2014(2)：48-53.

[28] 储德银，纪凡. 税制结构变迁与产业结构调整：理论诠释与中国经验证据 [J]. 经济学家，2017(3)：70-78.

[29] 储德银，建克成. 财政政策与产业结构调整：基于总量与结构效应双重视角的实证分析 [J]. 经济学家，2014 (2)：80-91.

[30] 储德银，闫伟. 财政支出的民生化进程与城乡居民消费：基于1995—2007年省级面板数据的经验分析 [J]. 山西财经大学学报，2010(1)：10-16.

[31] 戴鹏. 我国产业调整和发展的财税政策研究 [D]. 成都：西南财经大学，2012.

[32] 丁煌. 我国现阶段政策执行阻滞及其防治对策的制度分析 [J]. 政治学研究，2002(1)：28-39.

[33] 丁芸，张天华. 促进新能源汽车产业发展的财税政策效应研究 [J]. 税务研究，2014(9)：16-20.

[34] 董万好，刘兰娟. 财政科教支出对就业及产业结构调整的影响：基于CGE模拟分析 [J]. 上海经济研究，2012(2)：41-52.

[35] 樊元，胡磊. 我国第三产业发展与就业增长互动关系研究 [J]. 工业技术经济，2012(8)：140-145.

[36] 樊正强，李奇. 基于系统创新的资源型城市产业转型升级评价指标体系研究 [J]. 财会研究，2009(11)：73-74.

[37] 范子英，彭飞. "营改增"的减税效应和分工效应 [J]. 经济研究，2017(2)：82-95.

[38] 方福前，詹新宇. 我国产业结构升级对经济波动的熨平效应分析 [J]. 经济理论与经济管理，2011(9)：5-16.

[39] 方湖柳. 结构自组织能力: 产业结构合理化的本质标准 [J]. 经济评论, 2003(10): 22-23.

[40] 冯海波. 关于中国财政政策演变的规律性认识 [J]. 当代经济研究, 2003(4): 24-27.

[41] 冯丽娟. 中国财政支出规模变化的实证分析 [J]. 商业会计, 2017(3): 65-68.

[42] 付凌晖. 我国产业结构高级化与经济增长关系的实证研究 [J]. 统计研究, 2010(8): 79-81.

[43] 干春晖, 郑若谷, 余典范. 中国产业结构变迁对经济增长和波动的影响 [J]. 经济研究, 2011(5): 4-17.

[44] 干春晖, 余典范. 城市化与产业结构的战略性调整和升级 [J]. 上海财经大学学报, 2003(4): 3-10.

[45] 甘行琼, 蒋炳蔚. 出口退税对我国产业结构影响的实证研究: 以传统劳动密集型产业为例 [J]. 中南财经政法大学学报, 2017(4): 84-89.

[46] 高静. 我国税收优惠政策有效性的实证分析 [J]. 唐山学院学报, 2007(1): 68-89, 97.

[47] 高萍. 中国税制 [M]. 上海: 立信会计出版社, 2009.

[48] 关秀丽. 中韩两国产业结构调整及产业合作前景 [J]. 经济纵横, 2003(3): 33-38.

[49] 郭连成, 杨宏, 王鑫. 全球产业结构变动与俄罗斯产业结构调整和产业发展 [J]. 俄罗斯中亚东欧研究, 2012(6): 36-45.

[50] 国亮, 王一笑. 土地财政对我国产业结构升级的影响: 基于产业间税种差异和土地财政的视角 [J]. 江西社会科学, 2015(8): 33-40.

[51] 郭琪. 产业结构调整中的政策效应: 政策诱导与金融跟进 [J]. 广东金融学院学报, 2011(6): 40-49.

[52] 郭小东, 刘长生, 简玉峰. 政府支出规模、要素积累与产业结构效应 [J]. 南方经济, 2009(3): 51-61.

[53] 郭熙保, 马媛媛. 发展经济学与中国经济发展模式 [J]. 江海学刊,

2013(1)：72-79.

[54] 郭新华，马樾，唐荣．财政支出与产业结构升级：基于湖南省的实证研究 [J].经济师，2016(11)：51-55.

[55] 郭晔，赖章福．政策调控下的区域产业结构调整 [J].中国工业经济，2011(4)：74-83.

[56] 郭月梅，蒋勇，武海燕．新供给经济学视角下扩大消费需求的财税政策讨论 [J].税务研究，2015(9)：24-29.

[57] 韩永辉，黄亮雄，王贤彬．产业政策推动地方产业结构升级了吗？——基于发展型政府的理论解释与实证检验 [J].经济研究，2017(8)：33-48.

[58] 郝淑娟．内蒙古地区创新财税机制有效性研究 [D].长春：吉林大学，2014.

[59] 何代欣．促进新能源产业发展的财税政策：评估与调试 [J].税务研究，2014(9)：6-10.

[60] 何国华．凯恩斯主义复兴和宏观经济政策理论的新发展 [J].世界经济研究，1999(6)：66-70.

[61] 侯石安，赵和楠．中国粮食安全与农业补贴政策的调整 [J].贵州社会科学，2016(11)：143-151.

[62] 胡洪曙，王宝顺．我国税制结构优化研究：基于间接税与直接税选择的视角 [J].税务研究，2017(8)：14-20.

[63] 胡基学．支持物流业发展的财税政策研究 [D].北京：财政部财政科学研究所，2014.

[64] 胡凯，吴清．税收激励、制度环境与企业研发支出 [J].财贸经济，2018(1)：38-53.

[65] 胡琨，陈伟珂．中国财政政策有效性实证研究 [J].中国软科学，2004(5)：60-66.

[66] 胡素华，徐俊杰，马诗萌．财税政策对长长江三角地区高技术产业空间结构优化效应研究 [J].科技管理研究，2017(3)：1-6.

[67] 胡小梅．财税政策对产业结构升级的影响机制与效应研究 [D].长沙：湖

南大学，2016.

[68] 胡绪华，马诗萌，白宇泉. 推进镇江市产业"三集"发展的财税政策研究 [J]. 生产力研究，2015(6)：20-25.

[69] 胡素华，赵秀芳，叶龙，等. 财税政策促进中小微企业发展的有效性分析：以绍兴市为例 [J]. 绍兴文理学院学报，2015(1)：37-41.

[70] 黄燕芬，李怡达. 资源税扩围改革研究：以水资源税为例 [J]. 价格理论与实践，2016(6)：18-22.

[71] 胡燕京. 中国经济可持续发展中的财政政策研究 [D]. 青岛：中国海洋大学，2004.

[72] 黄亮雄，王贤彬，刘淑琳，等. 中国产业结构调整的区域互动：横向省际竞争和纵向地方跟进 [J]. 中国工业经济，2015(8)：82-97.

[73] 黄茂兴，李军军. 技术选择、产业结构升级与经济增长 [J]. 经济研究，2009(7)：143-151.

[74] 黄中伟，陈刚. 我国产业结构合理化理论研究综述 [J]. 学术动态，2003(3)：56-58.

[75] 洪源. 政府民生消费支出与居民消费：理论诠释与中国的实证分析 [J]. 财贸经济，2009(10)：1-56.

[76] 吉红云，干杏娣. 我国货币政策的产业结构调整效应：基于上市公司的面板数据分析 [J]. 上海经济研究，2014(2)：3-10.

[77] 吉小燕，郑垂勇. 基于循环经济的产业结构高度化判别 [J]. 商场现代化，2006(9)：344-345.

[78] 贾敬全，殷李松. 财政支出对产业结构的诱导效应研究 [J]. 财政研究，2018(3)：42-56.

[79] 贾康. 1998 年以来：从积极的财政政策到稳健的财政政策及公共财政制度建设 [J]. 铜陵学院学报，2008(1)：3-15.

[80] 贾康，赵全厚. 中国财税改革三十年 [M]. 北京：人民出版社，2008.

[81] 建克成. 财政政策与产业结构调整：基于升级面板数据的实证分析 [D]. 蚌埠：安徽财经大学，2015.

[82] 江飞涛，李晓萍. 直接干预市场与限制竞争：中国产业政策取向与根本缺陷 [J]. 中国工业经济，2010(9)：26-36.

[83] 姜松. 我国货币政策是否应该承担产业结构调整之责 [J]. 河北经贸大学学报，2018(2)：34-45.

[84] 蒋昭侠. 产业结构问题研究 [M]. 北京：中国经济出版社，2004.

[85] 蒋永穆. 传导机制·行为反应：兼论我国财政政策的有效性 [J]. 河南社会科学，2006(3)：26-30.

[86] 蒋瑛琨，刘艳武，赵振全. 货币渠道与信贷渠道传导机制有效性的实证分析：兼论货币政策中介目标的选择 [J]. 金融研究，2005(5)：70-79.

[87] 金成晓，王猛. 世界主要发达国家产业结构调整的新趋势 [J]. 管理，2008(1/2)：99-100.

[88] 金碚，吕铁，李晓华. 关于产业结构调整几个问题的探讨 [J]. 经济学动态，2010(8)：14-20.

[89] 金荣学，宋弦. 新医改背景下的我国公共医疗卫生支出绩效分析 [J]. 财政研究，2012(9)：54-60.

[90] 康珂. 产业结构调整机制研究 [D]. 北京：中共中央党校，2014.

[91] 库兹涅茨. 现代经济增长 [M]. 戴睿，易诚，译. 北京：北京经济学院出版社，1989.

[92] 库兹涅茨. 各国的经济增长：总产值和生产结构 [M]. 常勋，译. 北京：商务印书馆，1985.

[93] 蓝相洁，陈永成. 民生性财政支出与城乡居民消费差距：理论阐释与效应检验 [J]. 财政研究，2015(3)：2-5.

[94] 李波. 税收政策促进产业结构优化的思考 [J]. 税务研究，2015(4)：17-21.

[95] 李杰. 产业结构演进的一般规律及国际经验比较 [J]. 经济问题，2009(6)：31-34.

[96] 李京文，郑友敬. 我国产业的发展模式和发展序列 [J]. 中国社会科学，1988(6)：170-179.

[97] 李丽青. 我国现行 R&D 税收优惠政策的有效性研究 [J]. 中国软科学，2007(7)：115-120.

[98] 李明. 产业转型升级的财税政策文献综述 [J]. 当代经济，2012(7)：156-158.

[99] 李平，赵可，张俊飚. 科技投入与农业劳动力非农就业相关关系分析 [J]. 科学研究，2012(1)：81-87.

[100] 李普亮. 产业结构调整与税收增长：抑制还是促进 [J]. 税务研究，2016(1)：67-74.

[101] 李仁君. 凯恩斯主义经济学的发展和演变 [J]. 云南财贸学院学报，2000(5)：4-8.

[102] 李拓晨. 我国高新技术产业竞争力评价研究 [D]. 哈尔滨：哈尔滨工程大学，2007.

[103] 李世美. 房地产调控的货币政策有效性研究 [J]. 广东金融学院学报，2012(6)：66-78.

[104] 李石新. 从微观基础研究到宏观基础研究：后瓦尔拉斯主义的兴起 [J]. 国外社会科学，2006(1)：53-58.

[105] 李文. 产业结构税收政策：理论与实证分析 [D]. 济南：山东大学，2005.

[106] 李祥云，陈建伟. 我国财政农业支出的规模、结构与绩效评估 [J]. 农业经济问题，2010(8)：20-25.

[107] 李祥云，徐晓. 学前教育经费投入水平的地区差异与成因：基于省级数据的实证分析 [J]. 财经理论与实践，2014(6)：83-88.

[108] 李小明，陈敬良，闫海波，等. 产业结构与税收的协调关系研究 [J]. 科技管理研究，2013(11)：204-208.

[109] 李新宇. 财税激励政策提升医药制造业自主创新能力有效性研究 [D]. 哈尔滨：哈尔滨商业大学，2012.

[110] 李颖，梁军. 拉动内需扩大消费与财政政策转型升级 [J]. 贵州社会科学，2009(1)：103-107.

[111] 李永刚，王猛.土地财政与产业结构服务化：一个解释产业结构服务化"中国悖论"的新视角 [J].财经研究，2015(9)：25-41.

[112] 梁媛媛.产业经济学理论与产业升级实例研究 [M].北京：中国水利水电出版社，2015.

[113] 李悦.产业经济学（第二版）[M].中国人民大学出版社，2004.

[114] 李子伦.产业结构升级与政府职能选择 [D].北京：财政部财政科学研究所，2015.

[115] 李子伦，马君.财政政策支持产业结构升级的国际经验借鉴 [J].财政研究，2014(6)：78-80.

[116] 李子伦.产业结构升级含义及指数构建研究：基于因子分析法的国际比较 [J].当代经济科学，2014(1)：89-98.

[117] 林毅夫.新结构经济学 [J].经济学（季刊），2010(1)：1-32.

[118] 林毅夫.潮涌现象与发展中国家宏观经济理论的重新构建 [J].经济研究，2007(1)：126-131.

[119] 梁紫荃.我国教育财政支出的现状与建议 [J].现代经济信息，2018(2)：7, 9.

[120] 柳光强，杨芷晴，曹普桥.产业发展视角下税收优惠与财政补贴激励效果比较研究：基于信息技术、新能源产业上市公司经营业绩的面板数据分析 [J].财贸经济，2015(8)：38-47.

[121] 刘桂云.全球经济一体化过程中世界产业结构调整的趋势 [J].产业与科技论坛，2007(4)：5-7.

[122] 刘建民，胡小梅，王蓓.空间效应与战略性新兴产业发展的财税政策运用：基于省域 1997—2010 年高技术产业数据 [J].财政研究，2013(1)：62-66.

[123] 刘建民，王蓓，吴金光.优化财税政策引导战略性新兴产业空间集聚 [N].光明日报，2012-11-27（7）.

[124] 刘金全，刘汉.产业增长、货币供给冲击与结构调整 [J].经济管理，2013(6)：1-11.

[125] 刘克崮，贾康．中国财税改革三十年亲历与回顾 [M]．北京：经济科学出版社，2009．

[126] 刘立峰．新一轮积极财政政策浅析 [J]．宏观经济管理，2009(1)：19-21．

[127] 刘琳．美国产业政策及产业结构调整的特点及对我国的启示 [J]．区域经济，2014(5)：118．

[128] 刘庆华．东莞市产业转型升级的财税支持政策研究 [D]．兰州：兰州大学，2013．

[129] 刘尚希，孟春．公共政策与地区差距 [M]．北京：中国财政经济出版社，2006．

[130] 刘生旺．论 OECD 国家税收改革及其政策有效性 [J]．现代财经，2010(5)：31-36．

[131] 刘生旺，陈鑫．省级一般性税收政策有效性及其影响：基于 1991—2008 年面板数据的实证研究 [J]．山西财经大学学报，2011(8)：35-43．

[132] 刘淑茹．产业结构合理化评价指标体系构建研究 [J]．科技管理研究，2011(5)：66-69．

[133] 刘伟，张辉，黄泽华．中国产业结构高度与工业化进程和地区产业的考察 [J]．经济学动态，2008(11)：4-8．

[134] 刘元发．促进我国文化产业发展的财税政策研究 [D]．北京：财政部财政科学研究所，2014．

[135] 刘颖．产业转型升级与税制优化问题研究 [D]．南昌：江西财经大学，2014．

[136] 刘盈曦．出口退税的产业结构优化效应：理论与实证研究 [M]．北京：社会科学出版社，2014．

[137] 刘志忠，吴飞，周庭芳．民生性财政支出与城乡居民消费：理论分析与面板实证的再检验 [J]．学术研究，2012(11)：80-83．

[138] 陆国庆，王舟，张春宇．中国战略性新兴产业政府创新补贴的绩效研究 [J]．经济研究，2014(7)：44-55．

[139] 罗富政，罗能生．税收负担如何影响产业结构？——基于税负层次和

规模的讨论 [J]. 产业经济研究，2016(1)：20-29.

[140] 罗亭林. 我国产业结构优化与税收政策应用 [D]. 上海：上海社会科学院，2008.

[141] 吕明元，陈维宣. 中国产业结构升级对能源效率的影响研究：基于1978—2013 年数据 [J]. 资源科学，2016(7)：1350-1362.

[142] 吕明元，尤萌萌. 韩国产业结构变迁对经济增长方式转型升级的影响：基于能耗碳排放的实证分析 [J]. 世界经济研究，2013(7)：3-81.

[143] 马杰. 促进我国清洁能源发展的财税政策研究 [D]. 武汉：中国地质大学，2014.

[144] 马克思. 剩余价值学说史：第一卷 [M]. 北京：人民出版社，1975.

[145] 马艳华，魏辅轶. 产业结构调整理论研究综述 [J]. 山西财经大学学报，2011(11)：89-90.

[146] 马腾跃. 绿色信贷"贷"动经济转型升级 [J]. 中国金融家，2010(7)：33-35.

[147] 毛军，刘建民. 财税政策下的产业结构升级非线性效应研究 [J]. 产业经济研究，2014(6)：21-30.

[148] 梅建明，王琴. 我国科技创新基金绩效评价研究：以中部 D 市 W 区为例 [J]. 中南财经政法大学学报，2012(3)：68-73.

[149] 孟凡涛. 我国产业结构调整的动力分析 [J]. 山东经济，2001(5)：6-9.

[150] 孟浩，史忠良. 产业集群的技术创新负效应分析 [J]. 河北经贸大学学报，2005(3)：43-47.

[151] 苗博然. 一字之差的高度：环保"费改税"的变化分析 [J]. 经济与管理，2018(4)：13-15.

[152] 南亮进. 日本的经济发展 [M]. 毕志恒，关权，译. 北京：经济管理出版社，1992.

[153] 潘文卿，陈水源. 产业结构高度化与合理化水平的定量测算：兼论甘肃产业结构优化程度 [J]. 开发研究，2004(1)：42-44.

[154] 庞凤喜，张念明. 宏观税负、税负结构与结构性减税 [M]. 北京：经济

科学出版社，2016.

[155] 庞凤喜，刘畅，米冰．减税与减负：企业负担的类型与成因 [J]. 税务研究，2016(12)：65-70.

[156] 庞凤喜，张念明．供给侧结构性改革导向下我国企业税负优化及操作路径研究 [J]. 经济与管理评论，2017(1)：83-94.

[157] 庞念伟．货币政策在产业结构升级中的非对称效应 [J]. 金融论坛，2016(6)：16-26.

[158] 彭昱．城市化过程中的土地资本化与产业结构转型升级 [J]. 财经问题研究，2014(8)：40-45.

[159] 彭俞超，方意．结构性货币政策、产业结构升级与经济稳定 [J]. 经济研究，2016(7)：29-42.

[160] 钱龙．地方财政支出与产业结构升级：基于政府与市场新型关系的视角 [J]. 福建农林大学学报（哲学社会科学版），2017(4)：47-53.

[161] 钱纳里，鲁宾逊，赛尔奎因．工业化与经济增长的比较研究 [M]. 吴奇，王松宝，译．上海：上海人民出版社，1995.

[162] 青木昌彦，瑟达尔·丁克．关系型融资制度及其在竞争中的可行性（续）[J]. 王信，译．经济社会体制比较，1998(1)：34-38.

[163] 冉茂盛，毛战宾．人力资本对经济增长的作用机理分析 [J]. 重庆大学学报（社会科学版），2008(1)：56-59.

[164] 任爱华，钱宁．我国财政政策对产业结构优化的非对称效应 [J]. 华东经济管理，2017(4)：111-120.

[165] 任保平，洪银兴．发展经济学的工业化理论述评 [J]. 学术月刊，2004(4)：43-49.

[166] 任玲．日本地区振兴政策对东北老工业基地振兴的启示 [J]. 统计与咨询，2008(3)：8-9.

[167] 沈玉平，攀学，丁洁．促进经济发展方式转变的财税政策研究：基于浙江县域经济视角 [J]. 财经论丛，2014(2)：22-30.

[168] 石奇，孔群喜．动态效率、生产性公共支出与结构效应 [J]. 经济研究，

2012(1)：92-104.

[169] 苏东水．再论"泉州模式"[J]．福建论坛（人文社会科学版），
2006(8)：4-9.

[170] 素昆．战后以来日本的重点产业扶持政策分析及展望 [J]．日本研究，
2004(1)：28-33.

[171] 孙克竞．地方土地财政转型升级、产业结构优化与土地出让制度变革
[J]．经济管理，2014(2)：10-22.

[172] 邱荣燕，曹薇．供给侧改革背景下财政社会保障支出对就业影响的非
对称效应：基于面板门限回归模型的实证分析 [J]．中国劳动关系学院
学报，2017(2)：38-47.

[173] 尚晓贺，陶江．财政科技支出、银行信贷与产业结构转型升级 [J]．现
代财经，2015(12)：99-110.

[174] 马丁．高级产业经济学 [M]．史东辉，译．上海：上海财经大学出版社，
2003.

[175] 石金黄，韩东林．市场经济下税制的理论基础：税收相对中性 [J]．特
区经济，2007(2)：157-159.

[176] 施文泼．营改增后的企业税收负担分析 [J]．中国财政，2016(18)：53-
54.

[177] 石英华．提升支持自主创新的财税政策有效性研究 [J]．财经纵横，
2009(8)：93-95.

[178] 石原．我国第三产业发展特征、影响因素及对策建议的研究 [D]．重庆：
重庆大学，2008.

[179] 苏立宁．我国财政政策有效性的系统分析 [J]．安徽大学学报（社会科
学版），2016(1)：36-40.

[180] 苏世伟，刘甜．秸秆生物质能财税政策工具有效性研究进展 [J]．中国
农学通报，2015(23)：267-271.

[181] 孙海波，林秀梅，焦翠红．政府税收、研发补贴与产业结构变迁 [J]．经
济研究，2016(6)：23-37.

[182] 孙婧麟.论税收中性的理论与实践[D].上海：复旦大学，2006.

[183] 孙军.需求因素、技术创新与产业结构转变[J].南开经济研究，2008(5)：58-71.

[184] 宋凌云，王贤彬，徐现祥.地方官员引领产业机构变动[J].经济学（季刊），2012(1)：17-92.

[185] 谭小波，符淼.产业结构调整背景下推行绿色信贷政策的思考[J].经济研究导刊，2010(29)：94-97.

[186] 唐海秀.促进我国家庭服务业发展的财税政策研究[D].北京：财政部财政科学研究所，2011.

[187] 汤婧，于立新.我国对外投资与产业结构调整的关联分析[J].国际贸易问题，2012(11)：42-49.

[188] 陶长琪，刘振.地方财政政策对产业结构升级的影响：以中国14个副省级市为例[J].南昌工程学院学报，2016(6)：1-6.

[189] 田华，金卫键，朱柏青.财政社会保障和就业支出对农村居民消费的影响分析[J].统计与决策，2016(12)：115-117.

[190] 佟福全.美日产业政策的比较及对我国的启示[J].世界经济与政治，1991(10)：26-36.

[191] 童有好.应正确认识劳动密集型产业的发展[J].经济纵横，2015(4)：42-46.

[192] 万军.战略性新兴产业发展中的政府定位：日本的经验教训及启示[J].科技成果纵横，2010(1)：47-51.

[193] 王丹莉.政府行为与产业结构演进：基于固定资产投资视角的考察[J].当代中国史研究，2014(6)：32-62，125-126.

[194] 王方方，李宁.我国财政政策对产业结构优化的时变效应[J].数量经济技术经济研究，2017(11)：132-147.

[195] 王华，龚珏.完善支持科技创新的财税政策　推动产业结构调整[J].税务研究，2013(3)：3-9.

[196] 王宏利.财政支出规模与结构对产业结构的影响分析[J].经济研究参

考，2009(4)：29-40.

[197] 王慧. 我国产业结构存在的问题及调整思路 [J]. 石家庄师范专科学校学报，2003(1)：20-23.

[198] 王检，石大千，吴可. 财政支出效率与产业结构：要素积累与流动——基于 DEA 和省级面板数据模型的实证研究 [J]. 管理现代化，2016(3)：14-18.

[199] 汪建萍. 中国城乡居民恩格尔系数分析 [J]. 统计与决策，2002(4)：32-33.

[200] 王婧. 供给侧结构性改革助推产业结构转型升级：基于政府投资引导民间投资的实证分析 [J]. 经济学家，2017(6)：42-49.

[201] 王金秀. 基于全口径预算重构分税制财政体制 [J]. 财政研究，2014(1)：16-19.

[202] 王金秀，腾赋骋. 着力运用政府绿色采购推进我国产业和能源结构优化 [J]. 中国政府采购，2017(2)：2-17.

[203] 王林生，梅洪常. 产业结构化合理评价体系研究 [J]. 工业技术经济，2011(4)：77-83.

[204] 王曙光，周丽俭，李维新. 公共财政学 [M]. 北京：经济科学出版社，2008.

[205] 王述英. 当前全球产业结构调整的趋势和特点及我国产业结构调整对策 [J]. 南开经济研究，2002(6)：70-73.

[206] 王小江，祝晓光. 以绿色信贷目录推进经济结构转型升级 [J]. 绿色视野，2010(10)：35-38.

[207] 王燕武，王俊海. 地方政府行为与地区产业结构趋同的理论及实证分析 [J]. 南开经济研究，2009(4)：33-49.

[208] 王玉华. 我国财政支出结构研究 [D]. 大连：东北财经大学，2007.

[209] 王岳平. 我国产业结构存在的主要问题及"十三五"调整思路 [J]. 经济研究参考，2014(5)：3-12.

[210] 王云芳，马莉. 金融发展、产业结构升级与经济增长的动态因果分析

[J]. 延安大学学报（社会科学版），2018(2)：65-76.

[211] 魏福成，邹薇，马文涛，等 . 税收、价格操控与产业升级的障碍：兼论中国式财政分权的代价 [J]. 经济学（季刊），2013(4)：1491-1512.

[212] 配第 . 政治算数 [M]. 陈东野，译 . 北京：商务印书馆，1978.

[213] 邬义钧，邱钧 . 产业经济学 [M]. 北京：中国统计出版社，1997.

[214] 肖国东 . 经济"新常态"下我国产业结构调整趋势分析 [J]. 内蒙古社会科学，2015(4)：106-111.

[215] 肖萍 . 我国第三产业发展现状及对策探讨 [J]. 陕西行政学院学报，2008(1)：123-125.

[216] 肖兴志 . 产业经济学 [M]. 北京：人民大学出版社，2012.

[217] 熊永清，李晓云，黄建柏 . 战略性新兴产业财政补贴方向：供给端抑或需求端：以光伏产业为例 [J]. 审计与经济研究，2015(5)：95-102.

[218] 徐波 . 中国环境产业发展模式研究 [D]. 西安：西北大学，2004.

[219] 徐胜 . 绿色信贷对产业结构升级的影响效应分析 [J]. 上海财经大学学报，2018(2)：59-72.

[220] 徐祖跃，彭骥鸣，胡学奎 . 增强战略性新兴产业自主创新能力的税收激励制度 [J]. 税务研究，2012(6)：3-7.

[221] 伍海华，金志国，胡燕京 . 产业发展论 [M]. 北京：经济科学出版社，2004.

[222] 吴汉洪 . 美国政府在产业结构调整中的作用 [J]. 经济理论与经济管理，2002(6)：65-69.

[223] 亚当·斯密 . 国民财富的性质和原因的研究 [M]. 郭大力，王亚南，译 . 北京：商务印书馆，1972.

[224] 严成樑，吴应军，杨龙见 . 财政支出与产业结构变迁 [J]. 经济科学，2016(1)：5-16.

[225] 闫力，刘克宫，张次兰 . 货币政策有效性问题研究：基于 1998—2009 年月度数据的分析 [J]. 广东金融学院学报，2009(12)：59-71.

[226] 闫婷 . 中国财政民生支出规模与结构的优化研究 [D]. 沈阳：辽宁大学，

2013.

[227]　杨国超，刘静，廉鹏，等．减税激励、研发操纵与研发绩效 [J]．经济研究，2017(8)：110-124.

[228]　杨建文．凯恩斯主义的形成发展 [J]．社会科学，1985(4)：55-57，8.

[229]　杨静．基于库克曼模型的环保汽车税收政策有效性评价模型研究 [J]．中国管理信息化，2009(4)：58-61.

[230]　杨俊峰．新常态下我国产业结构转型升级的动力与优化路径 [J]．商业经济研究，2016(9)：172-174.

[231]　杨林，马顺．促进战略新兴产业发展的财政政策研究 [J]．山东社会科学，2012(2)：146-149.

[232]　杨晓锋．地方财政支出与产业结构优化的动态关联研究：基于 1999—2013 年中国省际面板数据模型分析 [J]．财贸研究，2016(2)：112-119，136.

[233]　杨晓锋，赵芳．产业结构调整对城乡收入差距的影响激励：基于省际面板数据模型的分析 [J]．华中农业大学学报（社会科学版），2014(6)：39-44.

[234]　杨晓猛．转型升级国家市场化进程测度的地区差异分析：基于产业结构调整指标的设计与评价 [J]．世界经济研究，2006(1)：72-78.

[235]　杨友才，赖敏晖．我国最优财政支出规模：基于门槛回归的分析 [J]．经济学家，2009(2)：34-44.

[236]　杨志安，郭矜，闫婷．中国财政民生支出最优规模的实证分析 [J]．经济与管理研究，2013(12)：30-34.

[237]　杨芷晴，柳光强．促进环保产业的财税政策质量探讨 [J]．财政研究，2014(12)：82-86.

[238]　姚林香．国外资源税费制度经验与启示 [J]．社会科学家，2017(1)：51-57.

[239]　叶初升．寻求发展理论的微观基础：兼论发展经济学理论范式的形成 [J]．中国社会科学，2005(4)：29-40.

[240]　于力，胡燕京．财政支出对我国产业结构升级的影响：基于1978—2006年省级面板数据的实证分析[J]．青岛大学学报（自然科学版），2011(11)：95-100.

[241]　余泳泽，刘大勇．"中国式财政分权"与全要素生产率："竞次"还是"竞优"[J]．财贸经济，2018(1)：23-37，83.

[242]　余永泽，刘冉．我国产业结构升级中的问题、机制与路径：一个综述[J]．产业经济评论，2014(9)：79-97.

[243]　于泽，徐沛东．资本深化与我国产业结构转型升级：基于中国1987—2009年29个省数据的研究[J]．经济学家，2014(3)：37-45.

[244]　苑广睿．促进产业结构调整的财政政策[M]．北京：中国财政经济出版社，2004.

[245]　臧旭恒，杨蕙馨，徐向艺．产业经济学[M]．北京：经济科学出版社，2015.

[246]　曾光辉．我国高新技术产业发展的财税政策研究[M]．北京：中国税务出版社，2010.

[247]　张斌．财政政策对产业结构动态冲击效应的实证分析[J]．新疆财经大学学报，2011(1)：43-48.

[248]　张存涛，焦必方．人均GDP1000～3000美元时期韩国产业政策调整及启示[J]．世界经济研究，2006(9)：83-88.

[249]　张国强，温军，汤向俊．中国人力资本、人力资本结构与产业结构升级[J]．中国人口·资源与环境，2011(10)：138-146.

[250]　张海星，靳伟凤．地方政府投资与税收对产业结构趋同化的影响[J]．东北财经大学学报，2014(5)：43-48.

[251]　张海星，刘德权．"十二五"时期产业结构优化升级的财政政策选择[J]．商业研究，2011(11)：1-7.

[252]　张建刚．凯恩斯主义的理论缺陷及其新的发展[J]．经济问题，2010(3)：13-18.

[253]　张军，吴桂英，张吉鹏．中国省际物质资本存量估算[J]．经济研究，

2004(10)：35-44.

[254] 张军，章元．再论中国资本存量的估计方法 [J]．经济研究，2003(7)：35-43.

[255] 张立德．美国信息技术的发展及其经济影响 [M]．武汉：武汉大学出版社，1995.

[256] 张木茂．中国财政支出政策就业效应研究 [D]．沈阳：辽宁大学，2014.

[257] 张其仔．比较优势的演化与中国产业升级的选择 [J]．中国工业经济，2008(9)：58-68.

[258] 张少兵．环境约束下区域产业结构优化升级研究：以长三角为例 [D]．武汉：华中科技大学，2008.

[259] 张颂．促进我国光伏产业发展的财税政策研究 [D]．北京：财政部财政科学研究所，2014.

[260] 张同斌，高铁梅．财税政策激励、高新技术产业发展与产业结构调整 [J]．经济研究，2012(5)：58-70.

[261] 张文魁．日本产业振兴政策的演变 [J]．经济科学，1990(4)：62-67.

[262] 张晓艳，戚悦．促进我国产业结构升级的财税政策研究 [J]．当代经济管理，2015(1)：78-81.

[263] 张志儒．加快推进我国新型工业化进程的财税政策研究 [D]．成都：西南财经大学，2014.

[264] 张自然．中国服务业增加与城市化的实证分析 [J]．经济研究导刊，2008(1)：180-182.

[265] 浙江行政学院赴台湾地区考察团．我国台湾地区产业转型升级的政策及其启示 [J]．当代社科视野，2012(7/8)：55-59.

[266] 中国电子信息产业发展研究院．2014—2015 年中国产业结构调整蓝皮书 [M]．北京：人民出版社，2015.

[267] 植草益．日本的产业组织：理论与实证的前沿 [M]．锁箭，译．北京：经济管理出版社，2000.

[268] 中国税收科研代表团．韩国运用产业和税收政策促进经济发展经验之

借鉴 [J]. 涉外税务，2005(2)：45−49.

[269] 周昌林，魏建良. 产业结构水平测度模型与实证分析：以上海、深圳、宁波为例 [J]. 上海经济研究，2007(6)：15−21.

[270] 周良军. 我国第三产业发展水平的统计分析 [D]. 长沙：湖南大学，2004.

[271] 周敏倩. 支持产业结构优化的财政政策调整思路 [J]. 南京社会科学，2003(11)：8−13.

[272] 周清. 促进新能源产业发展的财税制度安排 [J]. 税务研究，2011(5)：25−29.

[273] 周振华. 产业政策分析的基本框架 [J]. 当代经济科学，1990(6)：26−32.

[274] 周振华. 产业结构优化论 [M]. 上海：上海人民出版社，1992.

[275] 佐贯利雄. 日本经济的结构分析 [M]. 周显云，译. 沈阳：辽宁人民出版社，1988.

[276] 宗振利，廖直东. 中国省际三次产业资本存量再估算：1978—2011[J]. 贵州财经大学学报，2014(3)：8−16.

[277] 邹德发. 台湾产业政策的回顾与展望 [J]. 中国经济问题，2008(1)：50−55.

[278] 邹进文，李俊. 发展经济学在中国的三次发展 [J]. 经济学动态，2012(2)：141−145.

[279] 左少君. 促进产业结构优化调整的税收政策探析 [J]. 中国财政，2012(15)：63−65.

[280] ACEMOGLU D, GUERRIERI V. Capital Deepening and Non-Balanced Economic Growth[J]. Journal of political economy, 2008, 116(3): 467−498.

[281] AFONSO A, SCHuKNECHT L, TANZI V. Public sector efficiency: an international comparison[J]. Public choice, 2005, 123(3/4): 321−347.

[282] AGHION P , CAI J , DEWATRIPONT M, et al.Industrial policy and competition[J].American economic journal: macroeconomics, 2015, 7(4):1−32.

[283] ALAM T, WAHEED M. Sectoral effects of monetary policy: evidence from Pakistan[J]. Pakistan development review, 2006, 45(4): 1103−1115.

[284] ALLERS M, DE HAAN J, STERKS C. Partisan influence on the local tax burden in the Netherlands[J]. Public choice, 2001, 106(3/4): 351−363.

[285] ALVAREZ-CUADRADO F, POSCHKE M. Structure change out of agriculture: labor push versus labor pull[J]. American economic journal:macroeconomics, 2011, 3(3): 127−158.

[286] AMSDEN. Asia's next giant: South Korea and late industrialization[M]. Oxford: Oxford university press, 1989.

[287] ANDERSON P, TUSHMAN M L. Organizational environment and industry exit: the effects of uncertainty, munificence and complexity[J]. Industrial corporate change, 2001, 10(3): 675−711.

[288] ANGELOPOULOS K, MALLEY J, PHILIPPOPOULOS A. Tax structure, growth and welfare in the UK[J]. Oxford economic papers, 2008, 64(2): 237−258.

[289] ASCHAUER D. Is government spending productive?[J]. Journal of monetary economics, 1989, 23: 177−200.

[290] BALAKRISHNAN P, PARAMESWARAN M, PUSHPANGADAN K, et al.Liberalization, market power, and productivity growth in Indian industry[J].Journal of Policy Reform, 2006, 9(1): 82−83.

[291] BALDWIN R E. The case against infant-industry tariff protection[J].Journal of political economy, 1969, 77(3): 295−305.

[292] BARJAK F, ES-SADKI N, ARUNDEL A. The effectiveness of policies for formal knowledge transfer from European universities and public research institutes to firms[J]. Research evaluation, 2015, 24(1): 4−18.

[293] BARRO R J. Economic growth in a cross section of countries[J]. the quarterly journal of economics, 1991, 106(2): 407−443.

[294] BEASON R, WEINSTEIN D E. Growth, economics of scale, and targeting

in Japan(1955−1990) [J]. Review of economics and statistics, 1996, 78(2):286−295.

[295] BELL D. The coming of post-industry society[J]. Journal of the Operational Research Society, 1973, 31(1): 83−84.

[296] BERNARD F, PRIEUR A. Biofuel market and carbon modeling to analyse French biofuel policy[J]. Energy policy, 2007, 135(12): 5991−6002.

[297] BERNSTEIN J I. The effect of direct and indirect tax incentives on Canadian industrial R&D expenditures[J]. Canadian public policy, 1986, 12(3): 438−448.

[298] BUN M, MAKHLOUFI A. Dynamic externalities, local industrial structure and economic development[J]. Regional studies, 2007, 41(6): 823−837.

[299] CANOVA F, MARRINAN J. Sources and propagations of output shocks:common shocks or transmission[J]. Journal of international economics,1998, 46(1): 133−166.

[300] CHALMERS A, JOHNSON C. MITI and the Japanses miracle: the growthof industrial policy, 1925−1975[M]. Palo Alto: Standford University Press, 1982.

[301] CHRISTINE P W, ARRATA. Fiscal reform and local industrialization: the problematic sequencing of reform in post-Mao China[J]. Modern China,1992, 18(2): 197−207.

[302] CLARK C. The conditions of economic progress[M]. London: macmillan & Co. Ltd., 1957.

[303] CLEEVE E. How effective are fiscal incentives to attract FDI to sub-Saharan Africa?[J]. The Journal of developing areas, 2008, 42(1): 135−153.

[304] ALEXIOU C. Government spending and economicgrowth: econometric evidence from the south easter Europe[J]. Journal of economic and social research, 2009, 11(1): 1−16.

[305] CZARNTIZKI D, HOTTENROTT H. R&D investment and financing

constraints of small and medium-sized firms[J]. Small business economics, 2001, 36(1): 65-83.

[306] El-AGRAA ALIM. UK Competitiveness Policy vs. Japanese Industrial Policy[J]. The economic journal, 1997, 107(44): 1504-1517.

[307] FAELA K. Industry policy for growth, competition and trade[J]. Journal of industry 2015, 15(3): 257-282.

[308] FELDMAN M P, KELLEY M R. The extant assessment of knowledge spillovers: government R&D policies, economic incentives and private firm behaviour[J]. Research policy, 2006, (10): 1509-1521.

[309] GANLEY J, SALMON C. The industrial impact of monetary policy shocks: some stylized facts[R]. Bank of England working paper series, 1997, No.68.

[310] GAO Z. Evaluation for conversion capability of industrial structure based on the principal component analysis: evidence from China's Xinjiang[J]. Research on productivity, 2003, (1): 151-154.

[311] GROSSMAN G M, KRUEGER A B. Economic growth and the environment[J]. Quarterly journal of economics, 1995, (2): 353-377.

[312] HALL R E, JORGENSON D W. Tax policy and investment behavior[J]. American economic review, 1967, 57(3): 391-414.

[313] HALL R, JONES C. Why do some countries produce so much more output than others? [J]. The quarterly journal of economics, 1999, 114: 83-116.

[314] HANSEN B E, Threshold effect in non-dynamic panels: estimation, testingand inference[J]. Journal of economics, 1999, 93(4): 345-368.

[315] HAYO B, UHLENBROCK B. Industrial effects of monetary policy in Germany[J]. SSRN electronic journal, 1999(1): 127-158.

[316] HINLOOPEN J. Productivity innovation and economic performance[J]. Economist Netherlands, 2002, (150) : 617-619.

[317] JIANG Y, LEI Y, LI L, et al. Mechanism of fiscal and taxation policies in the geothermal industry in China[J]. Energies, 2016, 709(9): 1-20.

[318] JULIEN GOURDON, STEPHANIE MONJO, SANDRA PONCET. Trade policy and industrial policy in China: what motivates public authorities to apply restrictions on exports? [Z]. CEPII Working Paper, 2015.

[319] KING M A, FULLERTON D W. The taxation of income from capital: a comparative study of the U.S. , U.K. , Sweden and west Germany-the theoretical framework[Z]. NBER Working Paper, 1984.

[320] LEE J W. Government interventions and productivity growth[J]. Journal of economic growth, 1996, 1(3): 391-414.

[321] LIN Y, KRUEGER A, RODIRK D. New structural economics: a framework for rethinking development[J]. World bank research observer, 2011, 26(2):193-229.

[322] LIU F, DENIS F S, SUN Y, et al. China's innovation policies: evolution,institutional structure and trajectory[J]. Research policy, 2011, 40(7): 917-931.

[323] MINAMI R. The Economic development of Japan[M]. London: Macmillan, 1994.

[324] NAM C W. Corporate tax incentives for R&D investment in OECD countries[J]. International economic journal, 2012, 26(1): 69-84.

[325] NIKLAS HARRING, BJöRN RöNNERSTRAND. Government effectiveness, regulatory compliance and public preference for marine policy instruments: an experimental approach[J]. Marine policy, 2016, 71:106-111.

[326] OI J C. Fiscal reform and the economic foundations of local state corporatism in China[J]. World Politics, 1992, 45(1): 99-126.

[327] PACK H, SAGGI K. Is there a case for industrial policy? a critical survey[J]. World bank research observer, 2006, 21(2): 267-297.

[328] PENEDER M. Industrial structure and aggregate growth[J]. Structure change and economic dynamics, 2003, 14(4): 427-448.

[329] RAJAGOPAL D, SHAH A. A rational expectations model for tax policy analysis: an evaluation of tax incentives for the textile, chemical and pharmaceutical industries of Pakistan[J]. Journal of public economics,1995, 57(2): 49−276.

[330] RAZIN A, SASKA E, SWAGEL P. Tax burden and migration: a political economy theory and evidence[J]. Journal of public economics, 2002, 85(2):167−190.

[331] ROSEN S H, GAYER T. Public Finance[M]. New York: The McGraw-Hill Companies Inc, 2008.

[332] ROSTOW W W. The stage of economic growth[M]. Cambridge: Cambridge University Press, 1969.

[333] ROZAKI S, SOURIE J C. Micro-economic modeling of biofuel system in France to determine tax exemption policy under uncertainty[J]. Energy policy, 2005, 33(2): 171−182.

[334] Si KONG Y. Macroeconomic policy and industrial development issues[M]. Bangok-dong: Korea Development Institute, 1987.

[335] GÜZEL S, ÇETIN I K. Global economic crisis and effectiveness of public spending: the EU practice[J]. Journal of life economics, 2016: 139−158.

[336] TIMMER M P, SZIRMAI A. Productivity growth in Asian manufacturing: the structure bonus hypothesis examined[J]. Structure change and economic dynamics, 2000, 11(4): 371−392.

[337] VARTIA L. How do taxes affect investment and productivity? : an industry-level analysis of OECD countries[Z]. OECD working papers, 2008.

[338] DOUMAX V, PHILIP J, SARASA C. Biofuels, tax policies and oil prices in France: insight from a dynamic CGE model[J]. Energy policy, 2014, 66: 603−614.

[339] WADE R. Governing the market: economic theory and the role of government in east Asian industrialization[M]. Princeton: Princeton

University Press, 1990: 231−266.

[340] EASTERLY W, REBELO S. Fiscal policy and economic growth: an impirical investigation[J]. Journal of monetary economics, 1999, 32(3): 417−458.

附　录

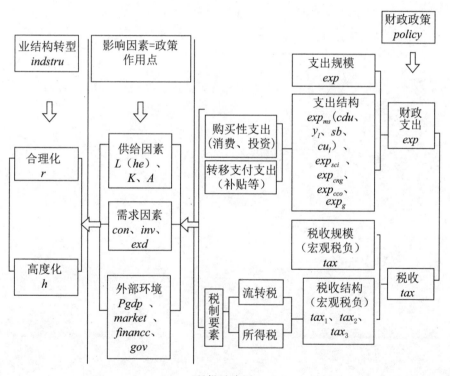

逻辑思路图